駐日外交団長
駐日サンマリノ共和国特命全権大使
マンリオ・カデロ
Manlio Cadelo

よいマナーで よい人生を！

Le buone maniere danno vita al successo

勉誠出版

序文

マナーに関するこの小さな本をお手に取っていただき、ありがとうございます。あらゆる状況でマナーを守ることができれば、嫌な気持ちや悪い思い出、ストレスを避け、さまざまな方法で生活の質を向上させ、仕事や人間関係がスムーズになり、良い常識を通して基本的な道徳を理解することができます。なにより、前向きで幸せな生活を営むことができるでしょう。本書で良いマナーを身に付け、ストレスのない快適な生活へ向かって、ともに歩んでいきましょう。

2021年1月

駐日外交団長・駐日サンマリノ共和国特命全権大使
マンリオ・カデロ

◉序文——iii

プロローグ

◉マナーとは何か？——3　◉マナーの発祥はルネサンス時代——4
◉『ガラテオ』をお読みになったらいかがですか？——6　◉マナーとは「鏡」で「窓」——8

第1章　交際について

◉招待状のマナー——13　◉招待と「案内」は別物——14　◉招待は人を喜ばせるもの——15
◉ラグビーW杯の「マナー」——16　◉おもてなしの極意とは？——18
◉教養とは「優しさ」のこと——21　◉男性には花は贈らない——22　◉ゲストは生魚のようなもの？——24
◉紹介者に責任なし——25　◉プライベート？　ビジネス？——28　◉紹介者と大使の共通点——29
◉大規模なパーティーでのマナー——31　◉スピーチの作法——33　◉2020年大統領候補の討論会——34
◉質問攻めはやめましょう——35　◉友人とは付かず離れず——37　◉お金はあげるつもりで貸す——39
◉アポイントメント——40　◉時は金なり——42　◉手紙の書き方——44　◉ラブレターは読み直しましょう——45
◉ゴシップは聞き流そう——47　◉電話対応のマナー——49

第2章　立ち居振る舞いについて

◉公衆衛生の先進国、日本——53　◉ビデと温水洗浄便座——55　◉トイレは「安全地帯」、でも……——56

◉喫煙のマナー――57 ◉ジェスチャーあれこれ――59 ◉国によって異なるジェスチャーの意味――61
◉握手の仕方で誠意がわかる――62 ◉言葉以上に身体が語る――64 ◉爪よりも健康を！――66
◉年齢は単なる数字――68 ◉愛に年齢は関係ない――70 ◉世代を超えた付き合いを！――72
◉政治家は聖人ではない――73 ◉誰に向けての謝罪会見？――75 ◉政治家のパフォーマンスについて――77
◉ビジネスの基本マナー――78 ◉正直者はばかを見ない――81 ◉愛とビジネスは両立しない――83
◉幸運の猫――84

第3章　心得について

◉感謝のマナー――89 ◉居眠り客に寄りかかられたとき――91 ◉生まれながらに感謝の心がない人――93
◉グラーツィエ！――95 ◉ギブ・アンド・テイク――96 ◉店子が大家にペコペコ？――98
◉公共の場所でのマナー――99 ◉融通とマナー――101 ◉目玉焼きで大激論――103
◉ココナッツジュース――105 ◉日本のマナーを見直そう――107 ◉「ナンバーワン」は素晴らしい？――109
◉医療従事者の方々に敬意を――110 ◉真のカッコよさとは何か――112
◉旗にあふれる国、アメリカ――114 ◉マナーは教育次第――118 ◉個性はもろ刃の剣――120
◉子育てにやり直しはきかない――122 ◉ユーモアの大切さ――123 ◉ジョークは「モンスター」の特効薬――124

第4章　男と女のマナー

◉「プラトニック・ラブ」――131 ◉愛はプラトニック・ラブを超える――134 ◉嫉妬について――136
◉嫉妬の対処法――137 ◉嫉妬していないフリだけでも――139 ◉キスは神聖なもの――140
◉キスも「秘すれば花」――141 ◉手の甲へのキス――143 ◉セックスは「分割」？――144

◉セックスに国境なし――145 ◉セックスのマナー――147 ◉「初めて」は一度しかない――148
◉口説きのマナー――150 ◉気難しい女性――152 ◉プロポーズの断り方――153
◉興味のないときは率直に――155 ◉女性の魅力とは――156 ◉なんだか心地よい――158
◉デートに誘われたら――159 ◉同棲、独身は個人の自由――160 ◉結婚を急がす親の無責任――163
◉子どもは持つべきか？――166 ◉イタリアはなぜ離婚が少ないか？――168 ◉結婚前にお試しを――169
◉経験豊富な男ほど妻に忠実――171 ◉不倫はなくならない？――172 ◉目に見えないものでは苦しまない――174
◉無償の愛とは？――175 ◉結婚は愛の墓場？――177 ◉離婚のマナー――178

第5章　エレガンスについて

◉レストランの語源――183 ◉ワインは食事のアクセサリー――183 ◉ウェイターのマナー――185
◉新鮮なワインがおすすめ――187 ◉レストランでも臨機応変に――190 ◉味音痴にならない！――192
◉旬の素材を生かす和食――193 ◉テーブルマナーの発祥――194 ◉カテリーナの『食事作法の50則』――197
◉フォークは「神に背く」もの？――198 ◉カトラリーの歴史はマナーの歴史――199 ◉パーティーでの食事マナー――202
◉酔っ払いとの約束――203 ◉お酒の無理強いは誰も得をしない――205 ◉美しさとは何か？――206
◉カップルの不思議――208 ◉自分を過大評価しない――211 ◉厚底靴――213 ◉セックスアピール――214
◉服装の選び方――215 ◉痩せていなければモテない？――216 ◉ネクタイはクロアチア発祥のマナー――219
◉陛下のオーディオ――221 ◉本当に大事なもの――222 ◉政府開発援助（ＯＤＡ）へ感謝――223
◉日本の礼儀は世界に通ずる――225

◉あとがき――228

プロローグ

マナーとは何か？

初めまして。私はマンリオ・カデロ。イタリア生まれの外交官として、サンマリノ共和国の駐日特命全権大使を務めています。２０１１年に、私は駐日大使１５４名の代表である、駐日外交団長に就任いたしました。現在も駐日大使の代表として、さまざまな式典や行事に参加しています。国賓が参加される宮中晩餐会から友人のファミリーパーティーまで、さまざまなご招待いただきますが、参加するたびに、マナーの大切さを実感しています。そして、パーティーだけではなく、人生においても良いマナーを身に付けた人は、成功しやすく、良いマナーのおかげで人生が豊かになると思えるのです。人生でとても大切になるのが、マナーなのです。

ルネサンス時代のイタリア半島は、現代マナーの発祥地であり、現在のマナーにつながっています。私はそこで生まれ、マナーやプロトコル（外交儀礼）を身に付けることができたことは幸運でした。良いマナーのおかげで、私は、外交の場でも私生活でもとてもハッピーに過ごせています。人生で成功する、生活が豊かになる、人間関係が良くなるには、ちょっとしたマナーを身に付けた人になることがよいかと思っています。良いマナーを身に付けることは、仕事でもプライベートでもとても役に立つと信じています。

マナーとはいったい何なのか？　一見しごく簡単に見える問いですが、この問いに答えることこそが、私が本書を書く動機となりました。そのためにはまず、マナーの歴史を振り返ることから始めます。

マナーの発祥はルネサンス時代

はじめに述べたように、私は外交官を職業としています。この外交という仕事が活発になったのは、ルネサンス時代のイタリアでした。

15世紀の中ごろから、イタリアのミラノ公国などで外交官たちが活躍し始めます。ミラノ公国は北イタリアの国々と相互に常設の大使館を置きました。その際に、近代の外交儀礼、いわゆるプロトコルが考え出されました。この時期に発明されたプロトコルの多くは、現代の外交儀礼のなかにもしっかりと息づいているのです。

ルネサンス時代のイタリアは、ヨーロッパの文化・芸術の最先端を走っていました。軍事力と同じくらい、いやそれ以上に、文化や芸術が国家の威信を高めることを知っていたイタリアの王たちは、競って優れたヒューマニストや芸術家を集め、作品を制作させました。その文化はヨーロッパの人々の憧れの的でした。気候も比較的に温暖で地理的条件も良いため、ヨーロッパの知識人、文化人はこぞって、新たなインスピレーションやデザイン、情報を得るためにイタリアを訪れたのです。文化や芸術だけではありません、ファッションやデザイン、機械技術など、さまざまな分野で交流がありました。

異なった国々の人が1カ所に集まれば、共通するマナーが必要になってきます。それぞれの国で生まれ育ち、文化背景が違う人々が互いを尊重し、うまく交際していくためには、基本的で体系的なマナーが不可欠だったのです。

カテリーナ・ディ・ロレンツォ・デ・メディチ

そこで、ルネサンス時代のイタリアでは、外交のプロトコル以外にも、人間関係、恋愛、食事作法など、さまざまなマナーが体系的にまとめられたのです。

1553年にフランス王家に嫁いだカテリーナ・ディ・ロレンツォ・デ・メディチが編纂した『食事作法の50則』もそのひとつで

す。ほかにもバルダッサーレ・カスティリオーネ（ラファエロによる肖像画が有名です）の『宮廷人』、ステファーノ・グアッツォの『洗練された交際』などがあります。もちろんニッコロ・マキャヴェリの『君主論』も忘れてはなりません。

しかし、そのなかでも最も重要なのが、ジョヴァンニ・デッラ・カーサによる『ガラテオ』というマナーの指南書です。

『ガラテオ』をお読みになったらいかがですか？

現在のイタリアでは、「ガラテオ(Galateo)」といえば、そのまま「礼儀」という意味です。ですので、イタリア人は不作法な人々や失礼な人々に、相手に失礼のないよう「『ガラテオ』をお読みになったらいかがですか？」と言うことがあります。これは、本心では「あなたはとんだ礼儀知らず」と言いたいところを、『ガラテオ』に託して、柔らかく、婉曲的に表現しているわけです。

『ガラテオ』は、１５５８年にヨーロッパで初めて公式出版されたマナーに関する「本礼儀作法書」といわれています。著者のジョヴァンニ・デッラ・カーサは、カトリックの大司教を務めていました。彼の友人の貴族、ガレッツォ・フロリモンテは、ヨーロッパのいろいろな国の人々と交際

ジョヴァンニ・デッラ・カーサ

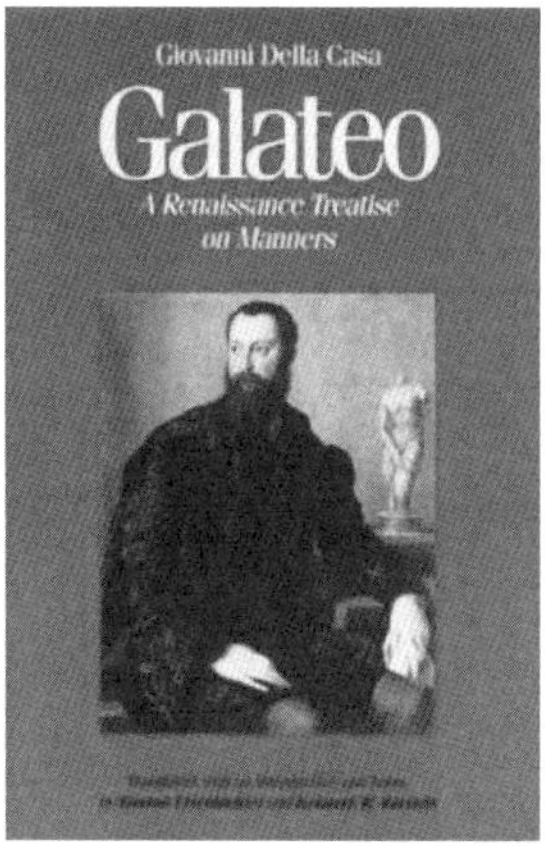

ガラテオの現代英訳本書影
(Center for Reformation and Renaissance Studies, University of Toronto)

をしていくなかで、外国人がイタリアに多く集うため、マナーや習慣の違いによるトラブルに頭を悩ませていました。「ローマではローマ人のするようにせよ（郷に入っては郷に従え）」とは素晴らしいローマの金言ですが、そう臨機応変にできる人はなかなかいません。フロリモンテから相談を受けたデッラ・カーサがまとめたこの書物は、その後のヨーロッパの交際、社交術の基盤となりました。出版されるや、たちまち上流階級のマナーやエチケットの教本としてこぞって使われ、今なお読まれ続けているのです。ちなみに書名の『ガラテオ』はガレッツォ・フロリモンテのファーストネームであるガレッツォが由来です。

マナーとは「鏡」で「窓」

さて、再び冒頭の質問です。マナーとは何なのか?

人に接するときや、立ち居振る舞いにおける良いマナーは、人格や教育背景を映す「鏡」である。そう定義づけられると私は思います。

人間の価値は、単に姿かたちで決まるわけではありません。教育、知識、機転、常識など、内面的な要素も関連して初めて決まるのです。

マナーは法律ではありません。しかし、私たちが基本的なマナーに従えば、より少ないストレスで、より良い生活を送ることができます。つまり、良いマナーとは、自分と相手、お互いにとって良いことで、それを守ることで、さまざまな場面でより良い人間関係ができるのです。

良いマナーを身に付けた人は、仕事や恋愛、友人関係、ひいては社会のシステムのなかで、成功する確率がぐっと高くなると思います。良いマナーが成功をもたらすのだとも言えます。マナーを無視するのが「格好いい」とされるのは、せいぜい学生時代、青年時代くらいまでで、大人になれば、マナーを無視することは決して格好いいものではないのです。

あなたが何か、ビジネスでも芸術でも構いません、とても優れた才能を持っていたとします。しかし、それを社会的に役立て、お金を稼ごうと思ったら、仲間や理解者がいなくては始まりません。その相手はあなたの同年代とは限らず、社会的地位も異なることも多いでしょう。

そんなとき、あなたにマナーや常識が欠けていれば、どうなるでしょう？

相手に不快な印象を与え、仕事の話に入る前に「この人とは一緒にやりたくないな」と思われてしまうかもしれません。あなたがどんなに素晴らしい才能、能力の持ち主でも、マナーの欠如で好印象を与えられなければ、せっかくのチャンスをふいにしてしまうこともあるのです。マナーを無視しても大成功するのは、ハリウッド映画のなかくらいのものでしょうか？

マナーはあなたの人格や教育を映す「鏡」であり、また自分と他者をストレスなくつなげる「窓」でもある。そう考えられると思います。

つまり、マナーを知ることで、世界が見えてくるのです。

そのことが、これから『ガラテオ』で私が学んだことを皆さんに共有しますので、次第に明らかになってくるでしょう。約460年前にイタリアで書かれたマナーの指南書には、現代にも通用する要素がとてもたくさんあるのです。

新型コロナウイルスの感染が広がり、明日のことがわからない時代だからこそ、そうした基礎的な良いマナーを身に付けることが大切なのではないでしょうか？
良いマナーは永遠なのですから！

第1章

交際について

招待状のマナー

さて、マナーの世界へと皆さんをご案内するにあたり、「招待」のマナーのお話から始めます。

英語の Invitation《インビテーション》という言葉は、「無料で何か魅力的なものを提供する」というラテン語からきています。ヨーロッパで一般的にいう招待ですと、自宅やオフィス、あるいはレストランやバーなどで、人をもてなすという意味になります。日本においても、招待の内容としては同じかもしれません。

ただし、「招待状」には、日本とヨーロッパで大きな違いがあります。

私は仕事柄、日本で実際にさまざまな招待状を受け取ります。大変ありがたく、できるだけ出席するようしているのですが、とても不可思議な招待の体験したことがあります。

まだ日本の習慣をよく知らないころの話です。招待状を受け取り、私はディナーパーティーへと出かけました。食事を堪能し、良い気持ちでワイングラスを傾けていると、ウェイターが請求書をテーブルの上に置いていったのです。私は目を疑いました。「ひょっとして、これはジョークで、これもパーティーの趣向の一部なのだろうか？」などと考えながら、ウェイターに尋ねました。

「すみませんが、私は招待を受けてここにいるのですが……招待状もここにあります」

しかし、その人は片手で請求書を指さし、もう片方の手で招待状を水戸黄門の印籠《いんろう》のように見せました。そして、にこやかにほほ笑みながら、こう言ったのです。

「お客さま、この招待状は入場料かオードブルのいずれかを無料とさせていただくものでして……すべてのお食事の料金が対象ではありません」

彼に悪気などないのでしょうが、私はなんだかだまされた気分になりました。もちろん、料金はお支払いいたしました。ただし招待状をもう一度見せて、「今あなたの言われたことが、どこに書いてあるのですか？　招待で無料ではないのですか？」とむなしい抗議と思いつつ……。

招待と「案内」は別物

『ガラテオ』に始まるイタリア、ヨーロッパのマナーでは、招待とはすべからく無料でなくてはなりません。もしも会費を徴収するのならば、あらかじめ招待状に「会費として、いくらいくらいただきます」ときちんと明記しておくべきものなのです。

しかし、料金をもらうことを明記した招待状は、招待状ではありません。それは「案内状」です。

例えば、レストランへの案内状でしたら、「これはご案内状です。ご来店いただければ、ワインかオードブルを無料で提供させていただきます。それ以外のお食事はお客さまのご負担となりますので、あらかじめご了承ください」とはっきり書いてあれば、誰も「招待状」だとは思いません。ただし、ただし書きもつけず、ただ「ご招待」とだけ書いて送ると、トラブルの種にことにつながるのです。

実際、こういった日本とヨーロッパにおける「招待」の概念の違いは、ときに大きなトラブルとなります。日本式の「招待状」は、ヨーロッパのマナーとは異なるものだからです。招待状を送付する場合は、すべて無料というマナーを身に付けておけば、欧米人とのビジネスの場面でも役に立つと思います。

招待は人を喜ばせるもの

この事件があって以来、私は招待状をいただいたときには、必ず秘書に確認してもらっています。その上で、行く価値があるかどうかを検討し、出欠席の返事をします。とはいえ、この事件は20年以上も前のことで、最近では日本の招待のマナーもヨーロッパのマナーとも統一されてきて、嫌な思いをすることは少なくなってきました。とても良いことだと思います。

勘違いしていただきたくないのは、これは決してお金の問題ではないということです。マナーの問題なのです。たとえ有料の会だとしても、あらかじめ有料だと知らされていて、自分で検討して出席するのならば、まったく構いません。ただ、本来必要なその手続きを省いて、不意打ちのように料金を請求する、そのやり方はフェアではないと思うのです。

本来の招待とは、来てくれた人たちを喜ばせるものです。

あなたの受け取った招待状には偽りがなく、招待が誠実なものであったら、どう返事すべきでしょうか？　招いてくれた方に感謝の気持ちを示したいなら、迷わず出席すれば良いでしょう。あるいは、やむを得ず辞退しなければならないのなら、きちんとその旨を伝えると良いと思います。

招待状をもらったのに返事もせず、招待をすっぽかすなどということは、厳に慎むべきです。誠意ある招待には、出欠にかかわらず、必ず誠意で応えましょう。あなたの返答次第で、あなたのマナーが問われるのですから。

ラグビーW杯の「マナー」

あなたが誠実な招待状を送り、パーティーを催したとしましょう。しかし仕事はそこで終わりではありません。訪問客に失礼のないようにもてなすには、どうしたら良いのでしょう？

日本の「OMOTENASHI《おもてなし》」も素晴らしいマナーであると思います。例えば、２０１９年の日本開催のラグビーW杯。この大会が大成功を収めたのは、日本代表の躍進もさることながら、おもてなし精神に海外の選手、観客が感動したということが大きいのではないでしょうか？　例えば、福岡県北九州市で行われたウェールズ代表の公開練習の出来事です。超満員の観客は、選手入場の際、なんとウェールズ国歌を合唱して彼らを迎えたのです。しかも、これはその場の思いつきではなく、この日のために市を挙げて練習を重ねてきたものです。この歓迎を受けたウェールズ代表の面々は「これまでのラグビーキャリアで、このような経験をしたことは一度もなかった」と口にし、海外メディアからも賛辞が寄せられました。招く相手のことを考え、そのために努力をしたからこそ、歴史に残る感動を呼んだわけです。

また、招待された外国人選手たちのマナーも素晴らしかったです。台風の影響で岩手県釜石市での試合が中止になってしまったカナダの選手たちは、代わりに市内の清掃活動を手伝いました。ラグビー本来のジェントルマンシップ、騎士道精神が、日本の素晴らしい文化と融合した、歴史に残る出来事だったと思います。

おもてなしの極意とは？

英語のHospitality《ホスピタリティー》の語源もやはりラテン語にあり、もとは「客人の保護者」という意味です。巡礼に出たキリスト教の信徒たちが、旅の途上で病気やけがに見舞われた際、修道院で彼らの看護を行ったことに由来すると言われます。「心のこもった手当て、看護」から派生して、おもてなしという意味になっていったのです。

人は居心地が悪く、気になることがたくさんある場所ではくつろぐことができません。つまり、もてなす側は客人の心配や困りごとを先回りして取り除き、彼らの「保護者」とならねばならないわけです。そのためにはまず、客人がどういう人かを見極めなければいけません。

例えば、それが親類縁者だったとしたら、歓迎やもてなしは親しみのこもったものですが、そんなに気を遣わないものになるでしょう。しかし、重要なゲストがやってくる場合には、いろいろなことに注意を払わなければなりません。

ディナーで自宅にゲストを招待することを想定しましょう。この場合は、前もって「どんな食べものがお好きですか？」「何か嫌いなものはございますか？」と尋ねておくと良いでしょう。そうすればゲストの好みに合う料理を出すことができますし、また「この人は自分のことを考えてくれるのだな」と相手に思ってもらえます。

これに関連して、先日体験した不思議なエピソードをお話ししましょう。私はとあるイタリアンレストランに招待されたのですが、メニューを見る前に、フォアグラが目の前に運ばれてきたのです！

私はレストランの店長にすぐに伝えました。フォアグラはフランス料理の食材であり、イタリア料理ではありません。イタリア人の多くはフォアグラを食べる習慣がなく、私もフォアグラが好きではないのだと。しかし、店長は日本人のお客さまにはフォアグラは大変好評で、問題ありませんと言って譲りません。ゲストを迎える場合、苦手な食材を確認するのは一般的なマナーだと思うのですが……。

ゲストが到着したら、まずは席に着いてもらうことになりますが、席順もとても重要です。大切なゲストならば、その家の主人の隣に座ってもらうのが良いでしょう。あるいは、相手が異性を同伴しているのなら、男性、女性、男性、女性というふうに男女が交互になるようにします。女性だけで固まる、男性だけで固まるような席順はおすすめできません。

ヨーロッパでは、男女の人数が同じときは、女性と女性が隣り合って座ることはまずありません。

たいていはやはり男女交互に席に着きます。これはひとつには、隣に異性がいたほうが楽しくなるからです。もちろん、これは一般論ですが、会食を快適にするのがマナーですから。

次にディナーの際のマナーです。最初にゲストから話してもらうようにしたほうが良いでしょう。ホストはゲストが話している間は真摯《しんし》に耳を傾けて、きちんと最後まで聞くと良いです。

しかし、ときには興が乗りすぎて、いつまでたっても話が終わらないというゲストもいます。こんなときに対応するマナーがあります。ちょっとゲストにお話を中断してもらうため、こう言ってみましょう。

「ところで、何かもっと召し上がりたいものはございますか？　サラダ、お肉、魚、ワインなどいかがでしょう？」

あるいは「料理はいかがでしたか？」とにこやかに尋ねるのも効果的なマナーです。そう言えば、よほど鈍感な人でない限り、ゲストは「ちょっとしゃべりすぎてしまったかな？」「話題を変えたほうがいいかな？」と気づいてくれるはずです。

良いマナーを身に付けた欧米人は、日本人以上に婉曲的かつ柔らかに相手に「NO」を伝える技術に優れた人がたくさんいます。欧米でもぶしつけに直接的に言わないことが、立派なマナーだと思われています。

教養とは「優しさ」のこと

最近では新型コロナウイルス対策として、換気のために電車やタクシーの窓を開けることがありますね。もちろんそれ自体は良いことなのですが、問題は開けるシチュエーションです。外に小雨がぱらついているのに、あるいは風が強く吹いているのに、おかまいなしに開けるのはおすすめできません。電車は走っていますから、窓の前に座っている分にはあまり気にならないものですが、進行方向から見て窓の後ろに座っている人たちには、雨がかかります。ですので、そういう場合には事前に、「換気のために窓を開けようと思いますが、ご迷惑でないでしょうか？」と断るといいですね。

このようなことは、いわゆる「知識」ではありません。マナーであり、教養なのです。知識はあっても、教養のない人はたくさんいます。教養は頭だけでなく、体で学んだものです。文字通り「身に付けた」ものなのです。

その意味で、最も重要な教養は「優しさ」だと思います。優しさを厳密に定義することはできませんし、科学的に解説することもできません。しかし、優しさは確実に存在しており、真に他人に優しくできる人こそが、教養、マナーのある人ということになると思います。

ただし、優しさは妥協やなれ合いではないと思います。優しさは経験のなかで鍛えられ身に付いていくものです。

男性には花は贈らない

少し話がそれましたが、次にあなたがディナーに招待された場合のことを考えましょう。

招待を受けたなら、手土産を持っていくのは良いことです。例えば、招待してくれた人が男性ならばワインやブランデーを、女性ならば花を持っていくのが良いと思います。ただし、男性に花を贈るのだけはやめましょう。『ガラテオ』にはこうあります。

「男に花を贈れば、不幸をもたらす」

その男性がアーティストやアクター、シンガー、パフォーマーでもない限り、ヨーロッパで男性に花を贈ることはまずありません。なぜか？　ヨーロッパで男性に花を贈るのは、その人が亡くなったときだけだからです。

もちろん、女性の場合でも、必ずしも花を贈るのがベストとは限りません。人によっては、モノやお金のほうを喜ぶ女性もいるでしょう。しかし、ヨーロッパでは、男性が意中の女性への初のプレゼントとして、花を贈るのはふさわしいことだと思います。花を受け取って喜んでくれた場合には、彼女はあなたに好意がある、あるいは少なくとも興味は持っているということを表します。もちろん、それがただの社交辞令の場合もありますので、見極めが大切です。

あなたがプレゼントを受け取った場合には、お礼を言うのは良いマナーです。直接に感謝を伝えられない場合は、電話や手紙、メールできちんと感謝を伝えるのが良いマナーです。また、お礼にプレゼントを贈ることも良いでしょう。

男性であれ女性であれ、誰かに何かをプレゼントするときには、そこに何の意図もないことはありません。少なくとも95%のプレゼントには、愛情や好意、頼みごとやお近づきのしるしなど、なんらかの意図があります。プレゼントはただのものではなく、贈る他人の意思そのものなのです。

原則、プレゼントを送り返すことは大変な失礼に当たります。奇妙キテレツなプレゼントでしたら、さっさと捨ててしまったほうが良いでしょう。わざわざ送り返してトラブルになると困ります。

ゲストは生魚のようなもの？

もしもゲストを自宅に泊める場合には、清潔なタオルやグラス、飲みものなどを用意しておく必要があります。また、ゲストの側も注意しなくてはなりません。自分の家ではないのですから、ずうずうしい態度や、リラックスしすぎた態度を取らないように気をつけるのが良いマナーです。たとえものすごく親しい友人の家であっても、気をつけなくてはなりません。日本のことわざはうまいことを言っていますね。「親しき仲にも礼儀あり」。

あるいはイタリアでは、このような言葉が見つかります。

「ゲストは生魚のようなもの。3日もすればにおいだす！」

なかなか手厳しいたとえですが、これは他人の家に泊まるときは、できるだけ3日以内にとどめなさいという意味です。滞在するよう相手に招かれた場合でも、これは当てはまります。ましてや、ディナーに招待された流れで泊まらせてもらっているときや、滞在費を払っていないときは、なおさらです。

しかし、ずうずうしいゲストはいるものです。他人の家に居座り、許可も取らずに他人の服や車、冷蔵庫の中身などを勝手に使う人もいるのです。もっとずうずうしいゲストは、その家の奥さんがきれいでちょっと好みのタイプだったら、彼女までも無断で……。まあ、これは極端な例ですが、このような常識のないゲストには、できるだけ早くお引き取り願いましょう。

こういう困ったゲストがいるときに、ヨーロッパで一番有効なのは「家の修理が必要だから、ちょっと旅行にでも行ってきてくれませんか？」と頼むことです。そうすれば、ゲストも潮時だと悟ることでしょう、おそらく……。

紹介者に責任なし

仕事であれプライベートであれ、自分の友人や知り合いを誰かに紹介するのは、非常に慎重を要することです。というのも、その知人に対する相手の第一印象は、紹介するあなたのやり方ひとつでガラリと変わってしまうからです。

日本には「遠慮」という素晴らしい文化がありますが、これはときとしてやりすぎることもあります。相手に対してへりくだり、「私なんか」「私などは」という言葉をよく使う人がいます。これは遠慮ではなく、自分を「ディスカウント」しているのかなと思います。つまり、自分の評価を自分で下げているように思います。

同じように、友人や仕事上の知り合いに対しても、このディスカウントを行う人がいます。つまり、紹介される人のウイークポイントをつくような、デリカシーのない紹介をする人がいるのです。例えば、

「彼はまだ副部長だけど、独身でね。髪はちょっと薄いけど、まあ、そんなに気にするほどでもないよ」

「彼女は一見おとなしそうに見えるけど、実はけっこうやかましいタイプでね」

「純情そうに見えるけど、けっこうあざとい子だ」

などなど……このような紹介の仕方はモラルハラスメントです。聞いている相手に対して、その人の悪いイメージを植えつけることになります。もし、その人の頭髪が本当に薄めであったとしても、あるいはその人がやかましかったり、あざとい女の子であったとしても、それはあなたが決めつけたり、指摘すべきことではないでしょう。

こうした紹介は、人を侮辱するに等しいことです。良いマナーではありません。ものすごく失礼なことなのです。

それでは、失礼のない紹介の仕方とは、どのようなものでしょう？　それは、その人の良いとこ

ろを相手に印象づけることです。これこそが重要です。

例えば、

「彼はとても賢く、大変な勉強家。会社では副部長としてバリバリ活躍しているよ」

「彼女は知的で情熱家でね。彼女と話していると、いつも新たな発見があるんだ」

「彼女はすごく気が利く人で、僕もいつも助けてもらってる。しかも、それを表に出さず、さりげなくするところが素晴らしい」

など、見方ひとつで、その人の短所は長所にもなるものです。それゆえ紹介するときは、その人の良いところだけを印象づけることが良いマナーです。

あなたが紹介しようとしている人が、たとえ頭髪が薄くても、背が低くても、才能・力量がなくとも、あるいはずる賢い悪人であったとしても、それは単にあなたの印象であって、他人に押しつけるのは良いマナーではありません。

日本では人の紹介に責任が問われる習慣があります。こういう習慣は、ヨーロッパではそういうことはあまりありませんので、びっくりしました。

最初に彼らを引き合わせた紹介者に、紹介された人たちの間に発生したトラブルに対してまで責任があるとは、ヨーロッパでは考えません。日本とは違い、紹介者の責任はごくごく限られたものなのです。

プライベート？　ビジネス？

日本での紹介者の責任の重さということについて、ひとつエピソードをご紹介しましょう。

私は、ある女性に秘書の仕事を紹介したことがありました。ある会社の社長に彼女を紹介したのです。そのとき、彼女は「ありがとうございます」という感謝の言葉も述べない人でした。それはいいのですが、あとで彼女は大きな問題を引き起こすことになりました。

というのも、社長が彼女をすっかり気に入り、彼女と暮らすために奥さんと離婚してしまったのです。驚きましたけれど、まあ大人同士のすることですから、他人がとやかく口を挟むことではありません。

しかし、私は彼の元奥さんと知り合いだったのです。どうなったかはもうおわかりですね……。彼女は離婚の責任が、秘書の彼女を紹介した私にあると思い込み、私に怒りや不満をぶつけてきたのです。このときは、本当に困ってしまいました。なぜなら、私は秘書を紹介しただけであって、何も恋人を世話したわけではないのですから……。残念なことに、元奥さんは最後まで納得してくれることはありませんでした。

ですので、人を紹介する予定があるとしたら、次の方法を取ると良いかもしれません。いざ紹介の段となったら、開口一番、まずこう言うのです。

「今回は喜んでご紹介させていただきますが、これから先、あなた方の間に起こるいかなるトラブルに関して、私は責任を負いかねますので、よろしくお願いしますね」と。

冗談ではなく、大まじめな話です。こう言っておけば、何が起きても、その問題に対するあなたの立場は「親身な聞き役、助言者」にとどまり、余計な責任を押しつけられずにすむはずです。これも大切なマナーであると思います。

紹介者と大使の共通点

紹介者が紹介した人間と同等の責任を取らされるという習慣についてですが、これは駐日大使の仕事とも関連するところがあります。

少しややこしい話になりますが、「大使（Ambassador《アンバサダー》）」は古代ギリシャ語では「Apocrisari」と言われ、遠く離れた国や、他国の誰かのためにさまざまな問題を解決する人という意味でした。大使は他国に自国を代表する「メッセンジャー」だったのです。

大使や大使館は、外交特権で守られた存在です。それは大使が国家間の使者として、真摯《しんし》に活動できるようにという配慮なのです。

大使の職務とは、国からのメッセージを他国に正しく伝え、外交関係を円滑にすることです。ですから大使はあくまでメッセンジャーであり、決して政治家ではありません。国の政治とは無縁の存在です。政治的権限など何もない、国家公務員にすぎません。

しかし最近では、大使が政治家と見なされる問題が出てきました。「犯罪収益移転防止法」による「外国の政府等において重要な地位を占める方（Politically Exposed Persons)」、いわゆる「外国PEPs」規制です。外国PEPsとは、外国の政府などにおいて重要な地位にある者（国家元首など）とそうした地位にあった者、それらの家族、あるいは実質的支配者がこれらの者である法人のことを指します。日本でいえば、内閣総理大臣や国務大臣、衆・参議院議長、最高裁判所裁判官、自衛隊幹部に相当する職などが該当します。このなかに、大使も含まれているのです。これらの外国人は、2016年10月の「犯罪収益移転防止法」改正に伴って、金融機関との取引時に厳格な確認が必要になりました。

この改正によって、特命全権大使の私を含む駐日外交団のメンバーたちは、日本での銀行口座の開設などが難しくなってしまいました。個人の普通口座を開設しようとして、断られたケースも少なくありません。このように、政治家と同じように扱われることに対して、戸惑いを覚えている駐日大使はたくさんいます。母国から遠く離れた地で働く外交官の、外交特権への規制が強くなってきているのを肌で感じています。メッセンジャーである大使に、政治家としての責任はないことをお伝えしておきます。

大規模なパーティーでのマナー

自宅や友人宅での小規模のパーティーではなく、たくさんの人が集まるホテルなどでの大規模なパーティーに招待されることもあります。この場合にも特別のマナーを覚えておくと良いでしょう。まずは紹介ですが、多くの人が集まる会の場合、日本では紹介は往々にして名刺によって行われますね。ただし、人によっては、名刺を渡したくないという場合もありますので、その際は、握手や会釈ですませるのが良いでしょう。

ヨーロッパの社交の場では、あなたが男性であるならば、お辞儀をして女性の手の甲にキスをするのはとても礼儀正しいことです。しかし、乾いた唇で、軽く触れる程度にします。熱烈にしてしまうとこれはセクハラになります。

また、自分の家族や仕事仲間を紹介する場合には、順番も大事です。まずは年配の人を最初に紹介しましょう。その上で、女性、男性、若い男性、若い女性、子どもたちという順番で紹介することが多いです。

式典などで紹介する人物が大統領や大臣、王族、領事、教授などの地位にあるときは、まずその地位から紹介するべきです。「あなたにアメリカ大統領をご紹介します。ドナルド・トランプ氏です」というように……。

これも気をつけておくべきことですが、日本では、ときに紹介された相手の年齢をいきなり尋ねる人がいます。これは良くないマナーです。特に外国人はこのマナーに敏感です。たとえ礼儀正しく尋ねたとしても、このようなことは質問としてふさわしくありません。年齢で人を判断するのは無礼であり、初対面で年齢を尋ねることは、自らがそうしたマナーを欠いた人間であると思われてしまいます。

スピーチの作法

パーティーでのスピーチについては、身に付けるべきマナーがたくさんあります。短く、さらりと、端的に！　まずはこれがスピーチの鉄則です。講演などでもない限り、スピーチは短くまとめるのが良いマナーです。時間にして、3〜5分というところでしょうか。もちろん、場合によってはもう少し長くても良いときもありますが、できるだけ短くすませるのが好印象を与える良いマナーになります。

たまに、こういう人がいます。まるで独演会のようにダラダラと話し、話の内容も要領を得ず、何度も繰り返し、持って回った言い方でくどくどと……皆さんも遭遇したことがあるのではありませんか？　こういうのは最悪のスピーチです。

スピーチを短くするためには、要点を絞る必要があります。パーティーやイベントのテーマに焦点を当てれば、まず失敗することはないでしょう。そして、自分のことを極力話しすぎないこと！テーマに関連して自分の経験などを挟み込むのはスマートなやり方ですが、度が過ぎると聞く側は辟易《へきえき》としてしまうからです。

また、話す際の振る舞いですが、ズボンのポケットに手を突っ込んだまま話すのは良いマナーとは言えません。ハリウッド映画に出てくるような政治家や経営者のスピーチの影響なのか、日本人でもこれをやる人がいます。これは非常にマナーに欠けます。また、ポケットに手を入れて話す人は、自分に自信がなく、不安を感じていると見なされることもあります。

自分のことを話しすぎないというのは、会話についても当てはまります。話すのは良いことですし、まったく黙っているのも失礼に当たります。しかし、一方通行の会話は会話ではないですし、楽しくありません。まずは他人の話に耳を傾けてから、その話について自分の意見などを述べるようにしたほうが良いでしょう。おしゃべり好きな人も寡黙な人も、同様に発言の機会と権利がありますから。

2020年大統領候補の討論会

2020年のアメリカ大統領選挙のテレビ討論会では、マナーの欠如が見られました。共和党大統領候補のドナルド・トランプ大統領と、民主党の候補、ジョー・バイデン前副大統領による初回のテレビ討論会は、アメリカのメディアで「史上最悪の討論会」と言われるほどのものでした。互いの発言を妨害し合うなど、両候補の品位に欠ける振る舞いばかりが印象づけられてしまいました。

一部報道では、トランプ氏のほうが圧倒的に発言妨害の回数が多かったとされていますが、バイデン氏のマナーも同様の行いをしており褒められたものではありませんでした。バイデン氏も誹謗中傷合戦に終始し、具体的な政策や、未来のヴィジョンなどが、ほとんど見えてきませんでした。これは両候補にとっても、アメリカ国民にとっても非常に残念なことでした。両候補が、良いマナーで討論会に臨むことができれば、もっと違った結果になったかもしれません。

質問攻めはやめましょう

ところで、誰かと知り合う機会を得たとき、あなたはどんなことを話すでしょう？「おいくつですか？」「お仕事は何を？」「独身ですか？」「どちらにお住まいで？」などと質問攻めにしてはいないでしょうか？

出会ったばかりだというのに、あまり多くのことを聞き出すのは礼儀正しいマナーとはいえません。そのような話し方では、警察の尋問のようです。

しかし、ときに、好奇心というのは行きすぎてしまうこともあるでしょう。では、まだよく知らない間柄なのに、たくさんの質問を浴びせかけられたとき、どう対処すれば良いでしょうか？　相手に興味がないのならば、このように返せばどうしょう？

「あなたは税務署の方？　それとも警察官？」「お望みならば、パスポートもお見せしましょうか？」というふうにジョークで。もちろん、笑みを添えるのも良いでしょう。

あるいは、質問をおうむ返しにするという対処方法もあります。

「どこにお住まいですか？」「あなたはどちらにお住まいなのですか？」「どこにお勤めですか？」「あなたはどちらにお勤めですか？」などなど……そのうち、相手もあなたのプライバシーを侵害して、いらだたせてしまっていたことに気づくはずです。

相手と親しくなるために2〜3の質問をするのは良いです。しかし、礼儀正しい質問の仕方でなければ、これもマナー違反になります。ですので、ここで紳士淑女の質問の仕方をご紹介しましょう。例えば、新幹線や飛行機で、隣席の乗客に話しかける場合は……。

「私はこういう会社で働いており、今、出張で移動しているところです。失礼ですが、あなたはどちらにお出かけなのか、うかがってもよろしいでしょうか？」

こうした質問方法は良いマナーです。なぜなら、あなたが先に自分のことを紹介し、相手と親しくなりたいという意思を誠実に見せているからです。

ただし、相手があなたに興味のなさそうなそぶりを見せた場合は、潔く諦めたほうが良いと思います。もしかしたら今、人と話をする気分ではないのかもしれないし、あるいは、あなたと親しくなりたいとは思っていないのかもしれませんから。

友人とは付かず離れず

イタリアには、こんなことわざがあります。

「友人とは、雨が降っているときに限って見つからない傘のようなもの」

今、あなたは心から友人を必要としています。それなのに、助けてくれるはずの友人はどこにも見つからない……悲しいことに、友人というのは本当に当てにならないものだということを言っているのです。厳しいですが、これは掛け値なしの真実です。

往々にして、人は友人に個人的な秘密や悩みを打ち明け、アドバイスを求めようとします。しかし、少し待ってください。これは普通に思われている以上に、非常にデリケートな問題なのです。

親友にあなた以上の特別な知恵や知識があるとは限りませんし、友人のほうもあなたの状況をすべて把握しているわけではありません。ですから、友人があなたに本当に貴重で役に立つ助言を与えてくれる可能性は、決して高くありません。友人も他人ですから、あなたの状況や感情をすべて理解するのは不可能ですし、あなたの話すことや人物を知らないこともあるはずです。あるいは、友人はあなたに心から同情しているそぶりは見せても、心の中では楽しんでいる場合もあります。17世紀フランスのモラリスト、ラ・ロシュフーコーはこのような言葉を残しています。

「最善の友の苦境に、われわれは常にまんざら嫌でもないようなものを感じさせられる」

友人の意見やアドバイスは、その多くが曖昧か、嘘であるかのどちらかでしょう。例えば、あなたが新しい服装や髪型、恋人について意見を求めたとしましょう。もしも本当に正直な友だちならば、悪い印象を抱いたとしても、そのままストレートに本音を言うでしょう。この場合は「真実の友」ですが、あなたは真実の友ほど周囲から遠ざけようとするでしょう。耳の痛いことはできるだけ聞きたくありませんから。

むしろ多くの場合は、「なんて趣味が悪いのだろう」と思ったとしても、輝くばかりの笑顔を浮かべて「まあ素敵！」と友人は答えるでしょう。これは真実の友ではないです。ただ曖昧でごまかしがうまい友人かもしれないのです。

たとえ正直な友人であったとしても、彼らはあなたを激しく妬《ねた》んでいることもあります。先のラ・ロシュフーコーの金言を思い起こしましょう。しかし、それらの妬みにあなたが気づくことは、まずないです。あなたは彼らが誠実な友人であると、信じて疑わないからです。

ですから友人との間には、適度な車間距離を保つこともマナーであると思います。日本のことわざでは、まさに「親しき仲にも礼儀あり」。あなたが必要以上に懐を見せれば、友人からの頼みごとや要求を断りきれなくなるかもしれません。あるいは友人を信頼しすぎた結果、無用な期待を相手にかけ、それが報われなくて勝手にショックを受けることもあるかもしれません。

逆に離れすぎたら、今度は友人が本当に良い人なのか、そうでないのかがわからなくなります。近すぎず遠すぎず、付かず離れず……ちょうどいいバランスを維持していくことが大切なマナーではないでしょうか⁉

お金はあげるつもりで貸す

もうひとつ、友人との関係を良好に保つマナーがあります。それは、お金は友だちには貸さないということです。もっとも、返してもらわなくてもいいと思えるような少額のお金は別です。友人にお金を貸す場合は、あげるつもりで貸したほうが良いと思います。

しかし、常に注意しておくことです。お金や物品を要求して、それが友だちの証《あかし》で当然のことだと思っている人もいます。よかれと思って要求に応えていると、相手は図に乗ってきて、要求をどんどんしてくることもあるでしょう。

もしも、あなたがこのような友人を相手にしていて、それでも相手を助けたいと思っているなら、保証にあてることのできるものの有無について、必ず詳細を尋ねるべきです。尋ねることもマナーなのです。

あなたが盲目的に友情を信じていれば、遅かれ早かれ、非常に失望させられることになるでしょう。

アポイントメント

アポイントメントとは、人と人の間で交わされる「言葉の約束」のことです。

日本では「アポイント」とか「アポ」などと略されて使われますね。この言葉はビジネスのほかにも、デートなどさまざまな付き合いの場面で使われますね。アポイントメントは、人間のイメージであると思います。

アポイントメントをきちんと守る人間は、相手に良いイメージを与えることができますし、また信頼できる人物であると見なされるということです。たとえどんなアポイントメントでも、約束した場所や日時は必ず守るのが良いマナーです。なぜなら、相手が勝手に決めたものではなく、あなたもその条件を承知したものなのです。無断でキャンセルするのはマナー違反です。

残念なことに、最近では、アポイントメントを軽く見る傾向があるように思います。決める時点で、その条件で本当に大丈夫なのか、よく考えを巡らせない人が多々見受けられます。軽い気持ちですっぽかして悪びれないという……。相手に「行けなくて申し訳ありません」という謝罪の一言すらない。

それでは「いい加減」と思われてしまいます。ですが、そうした無責任な態度は、遅かれ早かれブーメランとなって戻ってくることになります。というのも、周りの人は彼らの悪い癖に辟易し、やがて信用しなくなるでしょう。結局、アポイントメントに無責任な人は、誰からも相手にされなくなってしまうのです。

急用や突発的な事故のせいで、約束の時間に遅れてしまうこともあるでしょう。特に大都市では、思わぬ事故による交通渋滞のためで、アポイントメントの時間に遅れることもあるでしょう。そういうときにも、すぐに相手に連絡をして、遅れる理由について説明するのが良いマナーです。

時間を守って嫌な顔をされることはめったにありませんし、感謝されることも多いのです。もしも、アポイントメントの時間よりもずっと早く到着してしまったら？　これはこれで相手を困らせてしまうこともあります。相手はその前に別のアポイントメントや所用があるかもしれません。もしもすごく早く着いてしまったなら、周辺で時間をつぶしてから、定刻ちょっと前に約束の場所に行けば良いでしょう。

逆に、予定よりかなり遅れてしまう場合には、相手に連絡してその理由を説明することがマナーです。

ことにビジネスの世界では、時間はとても貴重なもの。「時は金なり」です。

私の場合、常にアポイントメントの5分から10分前には、待ち合わせの場所に到着するようにしています。

時は金なり

ところで、日本では多くの人が「イタリア人を含めて、ラテン系の外国人は時間にルーズだ」という印象を持っているのではないでしょうか？　ですが、これは実際には誤解もいいところです。

確かに、イタリアの電車やバスなどの公共交通機関は、日本ほど時刻表通り正確に運行しているわけではありません。しかし、それはあくまで公共交通機関に限った話です。イタリア人も、アポイントメントの時間を原則、厳守する人も多いのです。

知人のラテン系の紳士は、ビジネスから遊びまで、どんなアポイントメントでも事前に「今から行きますが、よろしいですか？」と確認の電話を入れてからやってくるくらい几帳面なのです。

いずれにせよ、あなたが日本人であれ、ラテン系であれ。アングロサクソン系であれ、アポイントメントの鉄則は「遅れるよりは、早めのほうが良い」というのが私見です。

しかし例外もひとつだけありますよ。イタリアではこう言います。

「死ぬのは遅いほうがいい。それは決して悪いマナーではない！」

死神とのアポイントメントだけは、何かと理由をつけてできるだけ先延ばしにしておくほうが良いでしょう。

あともうひとつ、アポイントメントもなしに、突然、他人の家やオフィスを訪ねるのは良いマナーではありません。それがとても親しい友人であったり、家族であったりしても、前もって電話で知らせもせずに訪ねていくことは、やはり良いマナーとは言えません。

よく「サプライズだよ」などと言う人もいますが、サプライズは単なるマナー違反でしかないと思うのです。

手紙の書き方

古代ローマ人は、よく手紙を書く人たちでした。彼らはこんなことわざを残しています。

「言葉はすぐ飛び去るけれど、文字にとどめれば永遠に残る」

現代では手紙を書く機会はめっきり減ってしまいました。しかし、メールやＳＮＳなどの気軽なコミュニケーション手段が普通になっている現代にこそ、手紙にも貴重な価値があります。取り急ぎ、メールやＳＮＳで連絡を取った後に、改めて自筆の手紙を送ることもとても良いと思います。

手紙は自分のイメージを送るようなものです。一文字一文字、送る相手のことや自分のことについて考えながら書かれた手紙は、手書きゆえの美しさや説得力を持つことになります。

手書きの手紙からは、送り主のいろいろなことがわかります。教養、性格、気質やモチベーション、職業など。逆にいえば、それだけいろいろな情報が相手に明らかになってしまうということです。ですから、手紙を書くときは、受け取る相手のことをよく考えて、何を書くのかを決めることが大切です。

また、相手に合わせて便せんを選んでみましょう。子ども宛てには、アニメのキャラクターなどの絵があしらわれたかわいらしい便せんを使うと良いでしょう。しかし、大人やビジネスのための手紙では、アニメの便せんを使うのはおすすめできません。

手紙の内容も大切です。人の心に届く文章を考えるのは、非常に骨の折れることです。なかでも最も難しいのは……やはり愛を伝える手紙でしょう。

ラブレターは読み直しましょう

口ではなかなか言いづらいこと、言うのが照れくさいことを、手紙に託して伝えるということもありますね。口頭でストレートに伝えると誤解を生みかねないことでも、手紙にすればすんなりと相手に伝わることもあります。例えば、ものごとの経緯を伝えるときは、口頭ではうまく整理できないことがあるので、手紙や電子メールにして丁寧に説明したほうが良いでしょう。相手も読み返して理解する時間がありますしね。手紙で伝えたほうが便利なことがあるというのは、覚えておいて損はないことです。

古来、この世にはラブレター、恋文というものが存在します。やはり手紙ほど愛を託すのにふさわしいコミュニケーションツールはないのですね。たとえば、フランスの書簡文作家、セビニェ夫人は手紙によって男性に恋心をかきたてたといいますし、ヴェネツィア生まれの伝説的プレーボーイ、ジャコモ・カサノヴァや、フランスの文学者、シラノ・ド・ベルジュラックも、ラブレターの名手として知られています。

彼らと同じように、ラブレターで意中の人の繊細な心をつかみ、そこから相思相愛の関係へと発展させることができるかもしれません。文章は才能によるところが大きいですから、ここでは基本的な手紙のマナーについて触れます。

どんな手紙にしろ、投函・送信する前によく読み返すことが大切です。これは極めて重要なマナーです。熱情に駆られて手紙を書きつづるのは結構なことですが、投函・送信する前に読み直したほうがよいでしょう。スペインの画家、フランシスコ・デ・ゴヤはこんな言葉を残しています。

「理性の眠りは怪物を生む」

暗闇のなかで書いた手紙は、翌朝、清らかな光のもとでもう一度読み返しましょう。すると、

「こんな恥ずかしいこと、よくも書けたものだな……」

と愕然《がくぜん》とすることが少なくありません。

手紙や電子メールは、投函・送信する前に、しっかりと読み返すのが大切だと思います。

ゴシップは聞き流そう

Gossip《ゴシップ》という英語は、アングロサクソン由来の言葉と言われます。そして面白いことに、この言葉には「親しい友人」という意味もあるそうです。

なぜゴシップと親しい友人が関係あるのでしょう。おそらくですが、親しい友人同士、いい話から悪い話まで、真実から根も葉もないデマに至るまで、親友がくだらないことを言い合うなかから、ゴシップが生まれてくるからでしょう。

ゴシップとは、人のイメージや評判にダメージを与える非常に悪いものです。人の悪口や噂話をするときは、特に気をつけなければなりません。

とりわけ、その人のことをよく知らず、噂に証拠がない（証拠がないから噂なわけですが）場合には、コメントしてはいけません。

誰かがそんなゴシップを話していたら、あなたは聞き役に回り、適当に相槌を打つだけにしておくのが良いマナーだと思います。

イタリアにはゴシップについて、こんな古いことわざがあります。

ガーター騎士団員の正装をするエドワード３世

「それが真実かどうかを決める前に、両方の鐘の音を聞きなさい」

つまり、ゴシップを言う人と言われた人、双方の話を天秤にかけて、その真偽を判定しなさいということです。天秤の片方だけにものを乗せたところで、その重さは決してわからないのですから。

また、ヨーロッパには「悪いことを考える者は呪われる」という言葉もあります。これは１３３４年、イングランドのエドワード3世が、ガーター騎士団を創設したときに標榜した言葉に由来します。この騎士団は、アーサー王伝説に登場する「円卓の騎士」に憧れて作られたもので、現存する騎士団としてはヨーロッパ最古の存在です。現在でもエリザベス女王をはじめ、イギリスの王族などがメンバーです。

英語には「Ill《イル》 news《ニュース》 runs《ランズ》 apace《アペイス》」、つまり「悪い噂はすぐに伝わる」という表現もあります。日本にもまったく同じ「悪事千里を走る」ということわざがあります。

ことほどさように、あなたが何げなく興味本位でしゃべったゴシップが、どこまで広がるかはわかったものではありません。巡り巡って自分に返ってくることもありますから、十分に気をつけるのも良いマナーだと思います。

電話対応のマナー

電話は、世界で頻繁に使われている通信手段のひとつです。もちろんチャットやメッセンジャーなども流行していますが、いまだに私たちも日常的に電話を使っています。テレビ電話やフェースタイムなどのインターネットを通じた通話も電話の一種だと思います。

あなたが電話を受けた場合には、まず相手の話を聞くのが重要です。相手がどんな用件で電話をかけてきているのか、それどころか相手が誰なのかを知る前に、こちらばかりが話しても意味がありません。

電話セールスであったらすぐに切っても構いません。しかし、もし知人からの電話で、丁寧に対応したいと思うのなら、まず相手の話をよく聞いて、その上で返事を考えましょう。すぐに返事ができない場合は、「お返事するのに何日かいただけませんか?」と了解をとってから切りましょう。もしそれが、アポイントメントの可否や、パーティーへの招待の電話でしたら、返事は3日以内にしたほうがよいと思います。

通話では、相手のことが良くわかります。あまりにも丁寧な話ぶりの相手だったら、きっとこの人は別の目的を隠し持っているのではないかと勘ぐってしまうかもしれません。電話やテレビ電話の通話は、人間観察の練習にもなると思います。

第2章
立ち居振る舞いについて

公衆衛生の先進国、日本

突然ですが、トイレはどうして「トイレ」というのか、皆さんご存じでしょうか？

この「トイレ」という言葉、17世紀の後半に、フランスで最初に広まったといわれています。当時、高貴な女性たちがパーティーに行ったり重要な人物を訪ねたりするときは、「Toil《トワール》」という薄い布で作られた高級衣装でドレスアップする習慣がありました。そしてパーティーや会食の最中に、「ちょっと用を足してまいります」と直截《ちょくせつ》に言ってしまうのが上品でないのは今も昔も同じ。そこでフランスのレディーたちはこう言ったのです。

「私のお洋服《トワール》とメーキャップがきちんとしているか、ちょっと見てまいりますわ」

これならエレガントな言い方でしょう？　こうしてお手洗いは「トイレ（Toilet）」と呼ばれることになったのです。このトイレという響き自体がとてもエレガントで、またソフトな印象もあり、さらに覚えやすくもありました。そこでヨーロッパ中の、ハイソサエティーの人々の間で、トイレという呼称が使われるようになり、それが今でもお手洗いやバスルームを指す言葉として定着しているのです。

ところで、「トイレを清潔にしているかどうかで、その人の性格がわかる」とはよく言われることですね。トイレをいつも清潔で気持ちの良い状態にしている人ならば、「ああ、この人はまじめできちんとしている人なのだな」と思うでしょうし、逆にひどく汚れたトイレの持ち主に対しては、「この人とのお付き合いはちょっと……」と思ってしまうこともあるでしょう。

同じように、公衆トイレの状態をチェックすることで、その国の市民レベルを知ることができると思います。トイレという場所は古代からずっと、私たちが日々の生活を健康健全に営むためにとても重要な場所だと考えられてきました。トイレをきれいに保つというのはひとつの大切なマナーだと思います。残念ながら、多くの国ではこのマナーがないがしろにされています。私は世界各地を旅行してきましたが、目と鼻をふさいでいなければ使えないような公衆トイレにいくつも遭遇してきました。

その点、日本は公衆トイレの衛生レベルで世界のトップを走っていると、断言できます。とてもきちんとメンテナンスもされています。ＴＯＴＯ《トートー》やＬＩＸＩＬ《リクシル》の温水洗浄便座まで装備されているところも少なくありません。

加えて、日本では新型コロナウイルスの流行のために、公衆トイレに迅速にアルコール消毒液も設置されたところもあります。特に毎日不特定多数の人が利用する駅の公衆トイレなどでは、アルコール消毒液があるのとないのとでは感染の広がり方の度合いはまったく変わってくるでしょう。手洗いやうがいの習慣も含め、日本の公衆衛生に対する意識の高さやマナーは今後、コロナ禍の世界の国々へ広がっていくと感じています。

ビデと温水洗浄便座

ビデというのもフランスが発祥です。フランス語で「子馬」を意味する名前がつけられていますが、これはもともと、木製の椅子のような形だったビデに背もたれのほうを向いて座った姿勢が、子馬にまたがったところにそっくりだったところからつけられたそうです。

ビデは用を足したあとに女性性器やお尻を洗うためのものですが、今でもイタリアやスペインなど南欧の国々では、トイレの横に必ずビデが設置されています。

日本人は単体のビデにはなじみが薄い人が多く、ヨーロッパを初めて旅行する際にビデの使い方がわからず戸惑うことが多いと聞きます。それもそのはずで、日本にはビデを兼ねた『ウォシュレット』のような素晴らしい商品があるからです。

TOTOの温水洗浄便座『ウォシュレット』の開発は、素晴らしいと私は思います。ヨーロッパ式の単体のビデでは、便座からいちいちビデに座り直さなければなりません。対して、ウォシュレットはトイレに取り付けるだけで、ビデも含めたあらゆる機能が備わっています。日本でビデというと、ヨーロッパのビデはまず思い浮かばず、「ウォシュレットの機能のひとつじゃないの？」と思う人が少なくないと思いますが、さもありなんというところでしょう。

トイレは「安全地帯」、でも……

トイレはもちろん第一に用を足す場所ですが、それ以外にもさまざまな使い方があります。例えば、女性ならば、鏡を見ながらメークを直したり、友だちとおしゃべりを楽しんだりしますね。「化粧室」という女性トイレの別名が物語る通りです。下世話な話ですが、パーティーなどに招待されて、突然にゲップやおならが出そうになったら……トイレに逃げ込めば、誰に気兼ねすることもありません。

さらに、トイレに入ると人間は無防備な状態にならざるを得ないので、精神がリラックスして、自然に考えごと、瞑想をすることもできます。瞑想というのは大げさではないかって？　いえいえ、とんでもない！　トイレで瞑想をした過去の偉人たちは案外にたくさんいるのです。レオナルド・

ダ・ヴィンチは用を足しながら思索をしたといいます。

また、これは感心しないことですが、トイレの落書きはマナー違反です。エロティックでポルノ的な絵やメッセージの落書き、これは日本もヨーロッパも共通です。多くの人にとっては、ただ不快なだけ。最近はトイレの落書きは少なくなってきました。とてもいい傾向ですね。

ときに居心地があまりによすぎるのか、トイレを占領してしまう人を見ることがあります。メーキャップか考えごとか、あるいは読書やスマートフォンの動画を見ているのかわかりませんが、1時間もトイレにこもって出てこない人もいます。「どうしたんだろう？　倒れているんだろうか？」と心配になるくらいです。しかし、どんなに居心地がよくても、公衆トイレはその名の通り、みんなのものです。必要以上に長く使うのは良いマナーとはいえません。

喫煙のマナー

健康のことを考えれば、喫煙は基本的には良い習慣とはいえません。しかし、愛煙家のなかには、願望まじりでこんなことを言う人もいます。「1日にタバコ1本で医者いらず」とね。

これは、欧米の有名なことわざ「1日にリンゴ1個で医者いらず」をもじったものです。リンゴはほかの食べものにはあまり含まれないカルシウムやカリウム、リンとマグネシウムなどと豊富に含んでいます。私たちの体にとって非常にありがたい食べものです。一方、タバコが健康に寄与するところは何ひとつありません。タバコのリラックス効果というのも、吸うと毛細血管が一瞬収縮して気持ちよく感じるだけのことで、体には害悪なのです。

つい10年ほど前までは、日本でも「路上の歩きタバコ」などの喫煙者のマナーの悪さがしばしば話題になっていました。最近では意識も高まり、ずいぶんとマナーはよくなりましたが、それでも喫煙者のなかにはマナーの悪い人はいるものです。今でも、道ばた、公園、海岸でも、タバコの吸い殻を見つけることがあるでしょう。吸い殻はひとりでにやってくるわけではありません。誰かが捨てたからそこにあるわけです。

タバコを吸わなければいてもたってもいられないとしても、やはり周囲のことを考えたほうが良いのではないでしょうか？　副流煙も大変な害毒になることが、近年認知されてきていますから。タバコのにおいを嗅いだだけで気分が悪くなる人もいるのです。タバコを吸うとき、近くに人がいたら「すみませんが、タバコを吸ってもよろしいでしょうか？」と尋ねるのが良いマナーです。

一昔前は、女性でも路上でタバコを吸う人がいましたね。しかし、これをヨーロッパで行うと誤解を生んでしまいます。

というのも、女性が路上でタバコを吸うのは、売春をしているというサインだからです。タバコが好きなだけで吸っているわけではなく、男性を誘っていると思われるのです。ですから、もしあなたが女性で、ヨーロッパの路上でタバコを吸っていたら、「君はいくら？」と尋ねられることもあるかもしれません。

ジェスチャーあれこれ

ジェスチャーやボディランゲージは、私たちのコミュニケーションの重要な要素です。人類の歴史と同様に古くから存在し、動物もこれらでコミュニケーションを取るものがいますね。

動物もそうですが、ジェスチャーやボディランゲージが効果的なのは、言葉が有効でない場合です。お互いの言葉がわからない異国人同士が会ったときなど、こうしたものがなければコミュニケーションが成り立ちません。というわけで、ここではジェスチャーのマナーについてのお話をしたいと思います。

言葉が有効でない場合というと、例えばスパイ……うっかり盗み聞きなどされようものなら、スパイは危険にさらされてしまいます。そこで彼らはジェスチャーで互いを認識し、メッセージを伝え合うといいます。

あるいは戦場では、現在でも軍隊ではいくつかのジェスチャーを使うことによって、指令や作戦を伝達、実行してきたといわれています。あるいは古い話でいうと、古代ローマやエジプトの召し使いや奴隷たちは、王や王女など、重要人物の機嫌の善し悪しを、ジェスチャーで伝え合ったとも言われています。

そんなジェスチャーですが、イタリア人の発明ではありません。先ほども言ったように、人類と同じくらい古いものだからです。しかし、イタリア人は、重要なこと、情熱的なことについて話すとき、よく言葉にジェスチャーを交えます。そうすることで、聴衆に強いインパクトを与えられるからです。かのムッソリーニやヒトラーといったファシストは言うに及ばず、現代でもアメリカのトランプ大統領やイギリスのジョンソン首相など、特徴的なジェスチャーやボディランゲージによってスピーチを強く印象づける政治家は多くいます。

ジェスチャーとボディランゲージに関する本が初めて書かれたのは1644年とのことです。著者はイギリスの医師のジョン・ブルワーという人で、本の題名は『キロロジア（CHIROLOGIA）』。キロロジアは「手による自然の言葉」という意味です。

例えば、あなたがある理論や意見について、多くの人を納得させたいときにジェスチャーを多用するのは失礼ではありません。自分の言いたいことを相手に印象づけ、理解してもらうためにこそ、ジェスチャーは必要なのですから。演説やスピーチの場合がそうです。

しかし、ジェスチャーを外国で使う場合には、少々の注意が必要です。なぜなら、ジェスチャーは万国共通のものではないからです。国によってジェスチャーの意味が異なるのです。

国によって異なるジェスチャーの意味

見た目にはほとんど同じしぐさなのに、その意味するところが違う、いや正反対という場合も少なくありません。ここではイタリアと日本における、ジェスチャーの意味の違いを取り上げてみます。

まずは、手を顔の前で左右に振るジェスチャー。日本だとこれは「いや、知らないよ」という意味ですね。しかしイタリアだと「お前、アタマは大丈夫か?」という意味になるのです。イタリアでは喧嘩につながりかねないジェスチャーです。

あるいは人の間や前を通るときに、手を軽く伸ばして「ちょっと失礼」と空を切るジェスチャー。日本ではありふれたものですが、イタリアでやると「お前、何か落としたのか?」と思われます。

実際に、こうしたジェスチャーの意味の違いで恥をかいてしまったスポーツ選手の例があります。イタリアのあるスポーツの大会で、ある選手が優勝したときのことです。彼は表彰式で自分のウェアの袖をまくり上げ、力こぶを見せるようなジェスチャーをしました。彼としては、自分の勝利と力を誇示したつもりだったのでしょうが……。

次の瞬間、会場にいた観客がざわつき始めたのです。どうしてでしょうか？　実はこのジェスチャー、イタリアでは「クソくらえ」という意味もあるのです。

ですので、知らない国でジェスチャーをするときは、十分な注意が必要です。それが初対面の人や重要な人物との会見でしたら、なおさらです。そういうときは念のため、ジェスチャーは控えめにしておいたほうが良いマナーでしょう。

握手の仕方で誠意がわかる

ジェスチャーの主役でもある手には、本当にさまざまなことが表れます。その人の手を見たり触ったりするだけで、年齢や健康状態、性格、清潔さや身なりへのこだわりなどがわかります。

握手という習慣は、日本では明治以降、だいたい今から100年ほど前に始まったものと言われます。しかし、ヨーロッパでは紀元前の古代ローマ時代にはすでに存在していました。古代ローマの軍人たちは、今のように手を握り合うだけでなく、お互いの手首を握り合うというスタイルの握手をしていたようです。

握手とは、お互いの誠意を確かめ合うために行われるものです。例えば、固い握手は信頼を示します。反対に軽い握手は弱々しさや偽りの友情を、そして手のひらをつけずに指先だけでする握手は、不実と偽りの親愛を表します。アメリカのトランプ大統領などは握手の際、必ず相手を自分のほうに引っ張るように見えますが、これは「俺は強い男なのだぞ」というのを相手や観衆に印象づけようとしていると思います。

日本では、握手の代わりにお辞儀というものがあります。日本のスポーツ選手が海外のチームに行くと、必ずといっていいほどチームメイトとお辞儀をしてふざけ合う様子が見られます。それだけ、日本のお辞儀というのは珍しいものなのです。

私の好みを言わせていただければ、日本流のお辞儀が好きです。ヨーロッパでは頬と頬をつける抱擁が親愛を示す緊密な挨拶として定着しています。しかし、コロナ禍の時代には、日本のようなお辞儀の挨拶が、ソーシャルディスタンスを保って衛生的で良いものだと感じています。

手や頬には、どんなウイルスやバクテリアが付着しているかわかりません。新型コロナウイルスが蔓延しているこの時代であればなおさらです。もちろん、そうは言っても、握手や抱擁は信頼や親愛を表すジェスチャーとして、この先も世界中で長く使われていくと思います。

言葉以上に身体が語る

腕の組み方や椅子の座り方などからも、人の心理を読み取ることができます。これは、体の動きや姿勢によるボディーランゲージと言われるものです。ボディーランゲージについては、1冊の本が書けるくらいの事例があります。手、腕、足、さらには指の動きなど、ボディーランゲージにはいろいろな種類があるのです。特に、イタリアなどのヨーロッパ諸国では、指、手、腕のジェスチャーが意味を持ち、それを読み取ることでコミュニケーションが取られています。

例えば、他人の話を聞くときに、腕組みをする人がいます。これは一般的には「他人から自分を守る」というボディーランゲージですが、「自分を静める」ためのボディーランゲージでもあります。自分の頭の中を静め、冷静に思考するための姿勢なのです。

あなたの話を聞いているときに、相手が腕組みをしたら、あなたを拒否しているのか、それとも話を注意深く聞き、思考を巡らせているのかを、注意深く見てみると良いでしょう。相手との話を聞き、身体が語るボディーランゲージを目で見ることで、相手の本音が見えてくることがあるのです。

手を腰に当てて立つ姿勢は、俗に「スーパーマンポーズ」などと言われますが、攻撃的なボディーランゲージだとされています。とがったひじで他人を威嚇し、自分の縄張りに誰も入り込ませないようにしているようにも見えるからです。口で言葉にしなくても、身体が多くを語っているのです。

足の組み方からも、ボディーランゲージを読み取れます。人が足を広げて椅子に座る場合は、その場を支配しようとする意思を身体で表していることが多いです。また、人が足を組んで座る場合は、不安や緊張を身体で表していると捉えることができます。

あるいは「目は口ほどにものを言う」という通り、目によるボディーランゲージもあります。アイコンタクトは、そのなかでも重要な伝達する言葉です。相手の話を聞きながら、あなたが相手の目を見れば、ちゃんと耳を傾けているのだということを目で伝えることができます。相手もあなたが退屈していないで、話を聞いてくれていると確認ができます。ただし、過度なアイコンタクトは禁物です。あまりにも目を見つめすぎると、相手は居心地が悪くなってしまうかもしれませんから。

ボディーランゲージは、ときに、言葉よりもその人について多くを語ってくれるものなのです。書籍や記事で調べてみると、興味深い内容を知ることができるはずです。

爪よりも健康を！

知人の女性の中で、とても長くて目立つ、派手なマニキュアを爪にしている人がいました。まるでドラキュラ伯爵、あるいはおとぎ話に出てくる魔女のような爪。そのように爪をデコレーションする職業をされている方には申し訳ないのですが、個人的にはあれはかなり……恐ろしいです。

当の本人は、爪を長く伸ばすことによって、指をより長くエレガントに見せているつもりかもしれません。残念ながら、長く伸ばされた爪は実用的ではありませんし、いろいろなウイルス、バクテリアも爪のなかに付着しやすくなりますから、衛生的ともいえません。新型コロナウイルスの時代では、考えられないスタイルとも言えます。

爪に関連しても、エピソードをご紹介しましょう。昔、知人の小柄でかわいらしい女子大生は、とてもデコレートされた爪をしていました。そのせいで、私はせっかくの彼女のかわいらしい顔に集中することができず、爪のほうにばかり気を取られていました。

彼女のことをよく観察してみると、肌は乾燥気味で、少なくない数のニキビが見受けられます。しかも、そのたくさんのニキビは手当てを受けていないのが一目瞭然でした。丁寧に愛情をもってケアされている爪とは対照的に、彼女の肌はまったくケアされていなかったのです。さらに驚いたことに、そんな状態でもなお、彼女は爪のことを気にかけてばかりいました。そこで私はこう言いました。

「体の内側よりも外側を気にするのですね？　ちなみに、そのネイルにはいくらかかるのですか？」

「指1本で2000円よ」

彼女の答えに、私は一瞬言葉が出ませんでした。もちろん、彼女の指は両手とも5本ずつきちんとネイルされていましたから、全部で2万円もかかっているわけです。そのお金を、良い食事や適度な運動など、少しでも体の内側に費やしていたらどうだろうか？……私はこう続けました。

「爪にかけるお金で、少しでも健康や肌のケアをしないのですか？　爪などよりもっと重要な健康というものに、お金を使ったほうが良いと思いませんか？」

この言葉に、彼女は「あなたがそんなことを言うとは思わなかった」と不機嫌に。そこで私は謝罪しました。

「気分を悪くさせて申し訳ありません。どうやら、私の言ったことは、あなたにとっては耳の痛いことだったようですね」

そう丁寧に謝ったのですが、彼女はさらに怒りを爆発させ、以来二度と私と口をきいてくれることはありませんでした。

今考えれば、余計なおせっかいだったと思います。しかし、いくら爪を美しくしても、肝心の体の健康をおろそかにしていては、まさに本末転倒でしょう。

女性の、人の真の美しさというのは、決して派手な爪に宿るものではありません。目に見えない内面にこそあるのです。これは、マナーではないのですが、大切なことだと思っています。ありがた迷惑な助言かもしれませんが……。

年齢は単なる数字

「年齢は単なる数字にすぎない」とは、ベテランになっても活躍するスポーツ選手などからよく聞かれる言葉ですが、本当にその通りだと思います。年齢は単に、人が母親から生まれてどれくらい時間がたったかを意味するにすぎないと思います。

同い年の人でも、ある人は年齢より若く見えたり、逆に老けて見えたりすることもあります。これは遺伝やライフスタイルのせいですが、内面、精神についてもそうですね。つまり、人を判断するとき、年齢を尺度にするのは良いマナーではありません。

「人は年齢ではなく、人格、教養、マナーによって判断するべきである」

とはいえ、社会には相手を年齢だけで判断して、その判断から一歩も動こうとしない人もたくさんいます。こういう人たちは、年齢以外の要素、つまり「人格、教養、マナー」を判断する能力が自分にないと思うのです。

年齢というものがいかに当てにならないかということは、このコロナ禍が改めて残酷に見せつけてくれたことでもあります。一般的に高齢者のほうが重症化するとのことですが、お年寄りでもほとんど無症状のまま回復し、後遺症も残らない人もいます。一方で、10代の若者の感染者でもひどい症状に苦しむ人もいます。もちろん、まだわかっていないことが多いなかで軽々に言うことはできませんが、これはやはり年齢ではなく、各人の生き方や生活習慣の違いにも起因していると思うのです。

にもかかわらず、私たちの生きるこの社会というものは奇妙で、不公平なものです。多くの人が年齢を気にします。例えば、こういう会話です。

「あなたはおいくつですか?」

「70歳です」

「ああ、その年齢ではこの仕事はおそらく無理だろうと思います」

あるいは、

「君はいくつ？」

「今年で25歳になります」

「その年齢では、このプロジェクトは任せられないな」

まったくばかばかしいことだと思います。

年齢だけで勝手に人を判断しないのが、良いマナーだと思っています。

愛に年齢は関係ない

若ければ健康で元気がある、あるいは年齢を重ねていれば経験も能力もある。そんなふうに思い込んでいるステレオタイプの人も多いと思います。しかし、もっとしっかりと、人物そのものを見ることをおすすめします。

法律にも「若い人がするようなファッションやスポーツ、恋愛、仕事、趣味などを、年配の人がしてはいけない」などと書いてはありません。法的に問題がなければ、他人に迷惑をかけない限り、好きなことをして構わないではありませんか。そういうことを言って非難する人は、ただ自分が同じことをできないから、ひがんでいるだけではないでしょうか。

最近、アメリカ大統領選挙でホワイトハウスが注目を集めていました。もうずいぶんと前のことになりますが、当時のアメリカ大統領、ビル・クリントン氏（民主党）と、ホワイトハウスの実習生、モニカ・ルインスキーさんとの不倫スキャンダルがありました。クリントン氏の年齢がルインスキーさんの2倍以上であったことをネタに、メディアや世論は「モラルがない」などと非難しました。

そうした報道を見ながら、私は内心ひそかに「そう言うあなたも、クリントン大統領と同じことをしたいと思っているのでは……」と思っていました。なぜなら、こうした非難はナンセンスだからです。本当に問題なのは、年齢のことよりも、クリントン氏が自分の執務室でスタッフに手を出したということです。

「自分には、彼女のような若い子と情事ができるチャンスもないし……クリントンめ、うらやましい」

批判する人たちのなかには、そう思っていた人もいたはずです。世界中で、18歳以上の人と恋愛をすること、性的関係を持つことを禁止している国はほとんどないのです。

さらにいえば、黒海とカスピ海の間のカフカス地域では、80歳から90歳の男性が、18歳から20歳の女性と結婚して、健康な子どもまで産んでいる例もあるほどです。同じようなことは、南米やアジア、アフリカでも見られます。ですから、年齢の差は、愛やライフスタイルには関係がないと思うのです。

世代を超えた付き合いを！

年を取っていたとしても、まだ若い気持ちがあって、例えば、若者がたくさんいるクラブのような場所に行きたいと思えば、行けばいいと思うのです。彼らと一緒に踊り、楽しく過ごしてもいいと思います。人間は1日、1分、1秒ずつ死へ近づいていくのです。誰にも迷惑をかけないのなら、周りの意見など気にせず、自分の好きなように人生を楽しめばいいと思います。

実は、自分に年齢を感じさせるのは自分ではなく、他人なのです。自分ではそう思っていなくとも、周りの人間が「この人はこの年齢だから、だいたいこんなものだろう」と勝手なイメージを作り上げ、それを押しつけてくるのです。さらに残念なことは、「若い人は若い人たち同士で、お年寄りはお年寄り同士で付き合わなくてはならない」といった、社会的な暗黙のルールまで存在することです。

しかし、同年代の人間ばかりと付き合っている人は、狭いものの見方しかできない傾向があるように思います。というのも、彼は「俺ぐらいの年齢のやつは、だいたいこういうことを考えているはずだ」という先入観を持っていて、それに合致する相手としか付き合わないことが多いからです。つまり、自分と同じような人間としか交際しないのです。それでは人間性に深みや広がりが出るはずもないのではないでしょうか。

ですので、若い人にはときに、年を取った人とも付き合うことをおすすめします。あるいはお年寄りの方も、若い人と交際してみるといいと思います。すると、不思議と気が合ったり、あるいは合わなかったりするところが見つかり、自分でも知らなかった自分が見えてくるはずです。

政治家は聖人ではない

ここでは政治家が持つべき基本的なマナーについて少しお話ししようと思います。

まずは、政治家についての一般の人が持つ誤った思い込みです。

「大統領や首相はすべからく国民のロールモデルとなり、間違ったことはしてはならず、完璧な人間でなくてはならない」

実際にそうであったらいいと思いますが、現実はそれとはほど遠いものです。この考え方はまさに机上の空論、ユートピアを求める人々の発想です。

いくら一国の大統領や首相と言っても、人間であるという点では、私たちとなんら変わる点はありません。政治家も多かれ少なかれ、私たちと同じような生理的欲求や感情を持っているのです。政治家に完璧な人間であれと求めることは、欲求や感情も持たないロボットになれと言っているのに等しいのではないでしょうか。

この「模範的な政治家像」というのは、歴史的には案外に新しい考えだと思います。おそらく、そこにはアメリカの影響があるのだろうと思います。ジョージ・ブッシュ・シニア大統領の代までは、アメリカでは「大統領とは完璧な人物」であると考えられていたのではないでしょうか？

たびたび引き合いに出して大変心苦しいのですが、かのクリントン元大統領が性的スキャンダルでヒステリックなまでに糾弾され、侮辱されてしまったのは、大統領に求める理想論があるように思えます。

また、クリントン氏のセックススキャンダルの解決には、4500万ドル（約47億円）以上もの税金が費やされたと聞きます。これほどの税金があれば、さまざまな外交問題、国内の社会問題を解決することができたでしょう。

私も含めて、当時、ヨーロッパ人の多くはこの件に関して理解に苦しむところがありました。それは、大統領の奥さまが不倫に対して何も苦言を呈していないというのに、なぜメディアが騒ぎ立てるのか、ということです。

奥さまが問題にしていないのですよ？　なぜ外野が騒ぎ立てる必要があるのでしょうか？　もしも彼らがクリントン氏と政治的に対立していたとしても、アメリカの大統領も私たちと変わらない、ごく普通の人間だと考えるべきではないでしょうか。その上で、もっと重要な政治的な問題について、大統領と議論をするべきだったのです、ほんの数回の情事についてではなくて。クリントン元大統領の功績については、性的なスキャンダルとは切り離して考えるべきではないでしょうか？

誰に向けての謝罪会見？

関連して、少し述べておきたいことがあります。近年、日本のワイドショー番組をにぎわせることが多い芸能人やスポーツ選手、政治家の不倫スキャンダル。週刊誌やタブロイド紙にすっぱ抜かれ、謝罪に追い込まれた芸能人たちがカメラの前で頭を下げ、「お騒がせして申し訳ありませんでした」と言う場面をたびたび目にしますよね。あれを見ると、私は不思議になるのです。「いったい、あなたは誰に対して謝っているのでしょうか？」と。

もしも、彼の妻、彼女の夫が公式に、謝罪会見を求めているのだとしたら、まだ理解もできるでしょう。しかし、そうした例がありますか？　クリントン元大統領の件と同じで、パートナーが苦言を呈していないのに、テレビのワイドショーやスポーツ紙のネタを提供するためだけに、謝罪会見がセッティングされているように見えてしまいます。もしもパートナーが腹を立てているのだとしたら、家庭で謝ればすむ話ではないでしょうか？　仕事関係の面々にはあとで個別に謝罪するのですから、わざわざ「さらしもの」のような謝罪会見をする必要はないのではないでしょうか。

また、「お騒がせして」というのは、いったい何を騒がせたと言っているのでしょう。社会を騒がせたと言っているのだとしたら、騒がせているのは当人ではなく、それを過剰に取り上げる芸能メディアではないでしょうか。

確かに芸能人はパブリックイメージが重要な職業です。しかし、政治家と同じように、芸能人も私たちと変わらない普通の人間です。パブリックイメージ通りのプライベートを送っていなくとも、それを非難するのは余計なお世話ではないでしょうか。

政治家の恋愛スキャンダルに関しては、ヨーロッパでは日本と正反対の捉え方をします。つまり、国王や大統領、首相たるものは、なんらかの恋愛スキャンダルを起こして話題を提供しなくてはならない存在でもあるかと思います。

イギリス王室やフランス、イタリアの歴代元首たちを見てみると、イタリアのシルヴィオ・ベルルスコーニ氏などは、数えきれないほどの恋愛・性的スキャンダルを起こしながらも、長きにわたり首相を務めました。「仕事さえきっちりしてくれれば、政治家のプライベートには関知しない」というのが、多くのヨーロッパ人の基本的なスタンスなのです。

とはいえ、基本的には国のリーダーや政治家たちは、まず良識やマナーを備えていなければなりません。それらが欠けているのに情事にばかりかまけていては、すぐに職を失うことになるでしょう。逆にマナーに長《た》けた政治家は長く職務を遂行できると思います。

政治家のパフォーマンスについて

日本を含め、世界中の人々は、政治家を自分たちよりも偉く立派でリーダーとして、尊敬する人も多いと思います。日本で政治家のことを、自分の恩師でもないのにとかく「先生」と呼ぶのは、こうした願望の表れでしょう。願望に応えてくれることを期待して市民は票を投じるわけですから、多くの政治家は良いイメージと評判を保つように努力していると思います。

一般市民に向けてテレビや講演などで話すときには、言葉は丁寧に、そして知識人でなくともわかるよう、できるだけ理解しやすい文章を組み立てて話すのも良いマナーだと思います。内容は曖昧ではなく明快なものでなければなりません。ジェスチャーは重要ですが、すでにお話ししたように、時宜を心得たものであると良いでしょう。

私の感想としては、日本やヨーロッパの政治家のほとんどは、人前で話すときのマナーをきちんと守っており、非常に礼儀正しいと思います。良いマナーを身に付けた政治家は素晴らしいと思います。

いくつかの国では、政治家が演説するとき、彼らの前、あるいは周りを取り囲むように、色とりどりの花を飾っているのを目にします。これは、単に見た目を華やかにするためだけではないのですよ。それらの花は「清潔さ」や「誠実さ」の象徴なのです。

清潔と誠実、これらは政治家であれば誰もが持っていなくてはならない資質です。ですが残念なことに、政治家のなかには、これらの持ち合わせがない人もいます。だからこそ、花の力を借りて補おうとしているのかもしれませんね。

ビジネスの基本マナー

ビジネスはテクニックであり、ある種の芸術であると思います。優れたビジネスマンになるには、臨機応変に、何よりもまず融通が利かなくてはならないと思います。ですから、もしもあなたが融通の利かないガチガチに凝り固まった人間ならば、ビジネスとは別の道を選んだほうが賢明かもしれません。

ビジネスでは、いろんな人に会ったり関わったりしなければなりません。なかにはあなたの信条と相いれない人や、好感の持てない相手もいるでしょう。それでも付き合っていかなければならない場合があります。そんなとき、あなたが頑固一徹では、周りの人とうまくやっていけるわけがありません。

先ほど「信条」と言いましたけれど、実はこれもビジネスマンにはふさわしくないものです。すべての人間があなた独自のスタイル、やり方などを受け入れてくれるとは限りません。あなたは適宜、臨機応変に、自分を周りの環境に適応させねばなりません。高いプライドなど、ビジネスには邪魔になります。

ビジネスにおいて一番大切なのは、自分自身の利益だけではなく、相手のことも同時に考えるということです。そうでなければ、遅かれ早かれ、あなたのビジネスは手詰まりになるでしょう。もっとも、1回限りのビジネスをしたいのならば、相手の利益を考える必要はありません。

しかし、利益のみを追求するビジネスは非常に危険だと思います。というのも、損得勘定だけでつながった相手は、もしもあなたのサービスに少しでも不満を感じた場合、すぐにクレームをつけてくるからです。悪評はたちまち周りに広がるでしょう。ですから、正直に、フェアに、妥協しつつ、相手の心情をも考慮してビジネスをしたほうが、長期的には良いのです。

ただただお金が稼ぎたい、自分が幸せになりたい、だから相手のことなどどうでもいい……もしもこのような考えを持っているのなら、あなたは最低最悪のビジネスマンと言われるかもしれません。ビジネスの一番のやりがいは、相手も自分自身も満足することだと思います。そうすれば毎晩、気持ちよく眠ることができるのです。どんなに人をだましても、お構いなしに安眠できる厚顔無恥な人もいるかもしれませんが……。

他人をだましてでもお金を儲けたいという気持ちでビジネスをしても、一度や二度はうまくいくかもしれません。しかし、それは長く続かないでしょう。なぜなら、ビジネスは信用だからです。信用をなくしてしまったら、それからはもう良いビジネス関係は築けません。それぐらい、ビジネスにおいて信用は最も大切なマナーのです。

しかし、絶えずビジネス上のトラブルを起こしている人はいるものです。非常に不幸なことだと思います。彼らはいつも問題を抱え、短命のビジネスしかできません。原因は彼ら自身の誠実と真《しん》摯《し》さの欠如にあるというのに、彼らはいつまでたってもそのことに気がつかない、あるいは気がつかないフリをしているようです。そして遅かれ早かれ、すべてを失うことになるのでしょう。

正直者はばかを見ない

ビジネスに関して、私が今でも覚えている昔のエピソードがあります。それは香港でのことでした。ある中国人ビジネスマンと取引をしたとき、私にはどうしても納得できないことがあったのです。それは、「ノーマネー、ノートーク」という彼らの考え方でした。つまり「金がなければ、話にならない」ということです。これが私には不思議でなりませんでした。というのも、良いビジネスというのは、まず良い関係を築いて、時間をかけて、辛抱強く行うものだと思うからです。

これは最近のことですが、私が駐日外交団長に就任してからのことです。パーティーでとある大国の大使と挨拶をしました。私が名刺を差し出すと、彼はそれを受け取って一瞥《いちべつ》しましたが、自分の名刺を出さずに去ってしまいました。真相はわかりませんが、もしかしたら、サンマリノ共和国という小国の大使だということだったからかもしれません。

私は小国の駐日大使ですが、駐日外交団長として大国、小国と関係なく付き合うようにしています。同じく世界最大のアメリカ合衆国の駐日大使も同じような姿勢だと思います。駐日アメリカ大使が着任されると、小さな駐日サンマリノ共和国の大使館をわざわざ訪ねてくださいます。駐日外交団の大使は、国家の規模にかかわらず平等であると信じています。そうしたフェアな考えが良いマナーであると信じています。

さて、私は多くの成功した日本の会社を見てきましたが、日本のビジネスマンたちは大変まじめで辛抱強く、理解力があると思います。すぐには利益にならなくとも、少し我慢すれば必ずビジネスになるという考え方を持っているのです。これはとても素晴らしいことだと思います。それは、1日や1か月でお金持ちになることは、さほど難しくはないということです。それよりも、長い間、もしくは死ぬまでお金持ちでいることのほうが、はるかに難しいのです。

あなたが客や商品に対して正直でまじめだったなら、ビジネスは成功する可能性は高まるでしょうし、コンスタントに良いビジネスを続けることができるでしょう。

しかし、「正直」と、「お人好し」や「愚か者」とは、まったく違います。これは、取引に関してフェアであることで、今のビジネスや客との関係を長く続くようにするということです。フェアであることが、良いマナーの基本です。

ところで、日本とヨーロッパのビジネスマンの大きな違いがひとつあります。それは、日本人が家庭や住居よりも会社にお金を投資するのに対して、ヨーロッパの人々は逆に会社よりも家庭や住居にお金を費やすことです。これはどちらかが正しいということではなくて、それぞれの考え方の違いです。

こうした日本のシステムも賢明なものだと理解できます。ビジネス拡大のために資金をつぎ込み、たくさん儲かれば、美しい家屋、幸せな家庭を手に入れることができるでしょう。いくら私的なことにお金を費やしても、そこからは儲けは生まれません。

しかし、もしもビジネスがうまくいかなくなった場合はどうでしょう？　いい家も幸せな家庭もあったものではありません。そうではないですか？

コロナ禍によって、世界中のビジネスが停滞、縮小しています。そして「アフターコロナ」の世界でも、縮小はさらに続くかもしれません。そうなったときに、それでも頑張って会社に投資するのか、あるいは考え方を変えて、儲けはそこそこで満足して、家庭やプライベートにお金を使うのか、これから意思決定を迫られることになるかもしれません。

愛とビジネスは両立しない

もしも、あなたが妻や恋人と幸せな人生を過ごしたいと思うのならば、愛をビジネスに巻き込まないことが、良いマナーだと思います。

愛とビジネスは、決して両立するものではありません。もし、あなたが家族経営のビジネスをしていても、愛する人と毎日一緒に働くのは極力避けたほうが良いかもしれないのです。しばしば一緒に働いている人と恋愛関係を持つことがありますが、それは良くないと思います。

ローマ時代でもそうでした。クレオパトラとシーザー、あるいはアントニウスについての本を読めば、事情は現代と何も変わらないことがわかるでしょう。

それともうひとつ、日本において必要な大事なビジネスマナーは、返答の仕方だと思います。日本の多くの会社では、質問やオファーに対して、あまりはっきりイエスかノーか答えないことが多いと感じます。もしそれがさほど重要でない案件であったとしても、きちんと答えることは、ときにとても重要なマナーです。きちんと答えないことは、ときにマナーを欠くことになることを知っておくと良いでしょう。

幸運の猫

最後に、「ビジネスは一種の芸術だ」ということを象徴するエピソードをひとつ。ある有名な古美術商が、ローマの下町を歩いていたときのことです。

ある店の前で、1匹の猫が小皿に入ったミルクをなめていました。古美術商は、その小皿に目をとめました。それがとても価値のあるものだと気がついたのです。そこで彼は何げなく店に入り、主人に猫を買いたいと申し出ました。すると主人は言いました。

「申し訳ないが、この猫は売りものではなくてね」

古美術商は食い下がりました。

「お願いです！　ネズミ捕り用の猫がどうしても必要なのです。1万リラ（約12万円）払いますから、この猫を譲っていただけませんか」

すると店の主人は「そこまでいうなら」と、猫を売ってくれることになりました。古美術商は主人にお金を払い、さりげなくこう言いました。

「お願いがあるのですが、ついでのこのミルク皿もいただけませんか？　この猫がとても気に入っているように見えるので……」

店の主人の返答はこうでした。

「悪いが、これは、私に幸運をもたらしてくれる皿なのだ。売るわけにはいかないのだ。何しろ、この皿のおかげで今週は猫が68匹も売れたんだよ」

まさに商売という名のアート！　しかも正直です。嘘はひとつも言っていないし、だましてもいませんからね。これぞフェアなビジネスというものです。

第3章

心得について

感謝のマナー

何かをしてもらったら、お礼を述べて感謝を表す。当たり前のことですが、これは日常生活において非常に重要なことであり、人間関係を良好に保つためにも欠かせないことです。

ときには、「ありがとう」のたった一言がなかったばかりに、それまで良好だった関係にひびが入ったり、永久に縁が切れてしまったりすることもありますね。ことほどさように、感謝というのは重要なマナーなのです。これは、イタリアでも日本でも世界でも共通のマナーです。

しかし、世の中には、感謝することを忘れて、それどころか感謝しようともせずに生活している人もいます。例えば、誰かに道を尋ねて、教えてもらった途端、ありがとうとも言わずに、そのまま目的地に向かって歩き出してしまう人。自分の用さえすめばよく、お礼をすることなど念頭にない人もいるのです。

あるいは、お店のウェイターや会社の従業員のことを、まるで奴隷のように扱い、命令口調でものを頼んだりする人もいます。そういう人というのは、ただ態度が悪いだけではなくて、根本的に他人に感謝するという心が欠けているように見えてしまいます。そんな恥ずべき人間に見られないためには、自分が思いやりのない言葉で何かを頼まれたら、いや命令されたらどう感じるか、常日ごろから想像力を働かせておくといいのではないでしょうか。

誰も、横柄な態度で命令されればいい気持ちはしないし、腹も立つでしょう。ですから、職場の仲間や会社の従業員、友人、家族、親戚など、どんな人に対しても、思いやりを持つことは、礼儀正しく生きていくための基本のマナーなのです。

「俺の言ったことには必ず従え!」と感じさせるような高圧的な物言いや命令形は、パワーハラスメントとなります。「~してくれませんか?」「~してくださいますか?」など、相手のプライドを傷つけないような頼み方が良いマナーです。してもらったことに対してきちんとお礼をすれば、あなた自身だけでなく、周りの人たちも快く感じるでしょう。

また、もしもあなたが会社や学校の代表者として、誰かから本や備品などの寄贈を受けたら、必ず感謝を伝えなくてはなりません。直接伝えるのが一番ですが、電話やメールでも良いと思います。その上で感謝状を贈れば完璧です。もちろん、相手も感謝されるために寄贈しているわけではないと思いますが、それでも、お礼を言わないのは非常な失礼に当たると思います。

居眠り客に寄りかかられたとき

感謝というのは、他者に対する思いやりと想像力を基本とします。ですから、日常生活のなかで意識することで、感謝の心を持つようになることができます。

例えば、電車の中で居眠りをしている人がいます。舟をこぎこぎ、勢い余って隣に座った人の肩に寄りかかってしまう。これは卑近な例ですが、迷惑をかけている側とかけられている側が、いつ入れ替わるかわからないという意味では、非常に象徴的なシーンです。今、寄りかかられている人が、今度はいつ、同じように他人に寄りかかって居眠りするか、わかりません。「明日はわが身」とはよく言ったものです。

ですから、このような場合には、優しい心をもって接するのがふさわしいことなのだと思います。乱暴で失礼な態度は良くないでしょう。お互い嫌な気持ちになるだけです。

もし、寄りかかって居眠りしている人が酔っ払った人であった場合、お酒臭くて不快になるのはわかります。ですが、そういうときでも、その人をきちんと起こしてあげるか、あるいは可能ならばあなたが席を移ればすむ話です。乱暴で、きつい態度に出る必要などないのです。

実際、私たちの生きる社会は、それほど複雑なものではありません。しかし、そこで暮らす私たち自身が、ことを必要以上に複雑にしてしまうのです。

自戒の意味も込めて言うのですが、私たちは些細なことで大騒ぎをして、ことを荒立てています。お風呂のお湯がいつもよりちょっと熱いだけで「これじゃ、やけどしてしまうぞ！」と怒鳴ったり、封筒に書かれた自分の住所がほんの一文字間違っていただけで、相手にお説教を見舞い、その後も嫌みを言ったり。あるいはまた、本当は自分のプライベートのことで腹が立っているだけなのに、後輩のミスに乗じて八つ当たりをしてストレス解消をしたりして……。

些細なことを重大事件のようにほじくり回して、何の意味があるというのでしょうか？　お互いの気分が悪くなるだけです。そんなに大騒ぎをしなくとも、ほんのちょっとした思いやりで解決することばかりではないですか。

「やってしまったミスは仕方ありません。でも、これからは二度としないように、注意してください」

注意するにしても、こんなふうに礼儀正しく、親切に言えば、言われた側も反省するし、理解してくれやすいのです。これが注意するときの良いマナーです。

注意の仕方にもマナーがあるということです。怒りは確かに人間の重要な感情ですが、場違いな状況で大げさに怒りを表したところで、怒られている人は「こんな些細なことで、なぜこんなに怒っているのだ？」としか思いません。そして何より、感情に任せて注意しても、相手は反省しません。そして反省していないからこそ、また同じミスを繰り返すのです。

生まれながらに感謝の心がない人

感謝の心は意識次第で育むことができますが、なかには、お母さんのおなかの中に感謝の心を忘れて生まれてきたのかと思う人もいます。

知人に、大変遊び好きな若い女性がいました。食事に行ったり飲みに出かけたりするのがとても好きで、誰か男の人と知り合うと、必ずディナーやお酒に連れていってもらっていました。それがどんな男性であっても、たいてい彼女は誘いを喜んで受けていました。そして男性のおごりで食べたり飲んだりしたあとは、いつも決まってホテルへ……。

しかし、デートから帰ってくると、彼女はいつもこんなことを言うのです。

「あいつはなんてひどい男なの。一晩きりの関係なんて、私はしたくなかったのに。こうなったのは私の責任じゃなく、相手の男が悪いのよ。犯罪だわ」

何を言っているのかと思いました。彼女は無理やり連れ込まれたわけではなく、自ら望んでホテルに行っているのです。もしも二人とも酔っていたとすれば、たとえ休むためだけにホテルへ入ったとしても、何かの弾みでそうなってしまうのは男女の理というものです。おそらく言葉とは裏腹に、彼女も気軽なセックスが好きなのかもしれません。それなのに、あたかも重大犯罪に巻き込まれたかのような話をするのです。

もしも、彼女がそれを本当に犯罪だと思っているのなら、犯罪に遭う原因は彼女にあるのではないでしょうか？　ホテルに行かなければいいことですし、そもそも誰、彼、構わずに誘いを受けなければ良いのです。しかし、彼女はそんなことには思いも及ばないようでした。悪いのはすべて男たちだと思っているのですから。

彼女は男性たちが食事やお酒をご馳走してくれたことに、まったく感謝の言葉を述べないのです。まるで、ご馳走してくれるのが当たり前だと思っているようでした。彼女には思いやりや想像力が根本的に欠けていたのではないでしょうか？　このような人に、いくら感謝の心の大切さを説いたところで、馬の耳に念仏といったところでしょう。

世の中には彼女のような人もいるということ、さらには彼女よりももっとひどい人もいるということです。その人が感謝の気持ちが欠如している人間だと気づいたならば、速やかに縁を切ることをおすすめします。そういう人たちと付き合って、損害を受けるのはこちらなのですから。

グラーツィエ《ありがとう》！

ヨーロッパでは「ありがとう」や「失礼しました」という言葉は、積極的に言う言葉です。あなたが、イタリアのどこかのお店に入ったとしましょう。まず、店に入るときには「ボンジョルノ《こんにちは》」と言って挨拶します。そして、商品を購入して渡されたときには、「グラーツィエ《ありがとう》！」とあなたが感謝を述べるのです。そうすれば、店員も笑顔でこう答えてくれるでしょう。「グラーツィエ《ありがとう》！アッリヴェデルチ《さようなら》」。最後にあなたは「アッリヴェデルチ《さようなら》」と返して店を出るのです。

確かに、客が一言も発さなくともものを買うこともできます。コンビニエンスストアなどではありがとうと言わない人もいますね。ですが、客も店員もお互いに感謝し合うのが良いマナーです。これはヨーロッパで常識です。

私たちはお店でお金を払うことで、それと引き換えに所望の商品を受け取るのです。客がものを買うから、店は商売を続けられます。ですが、客が必要なものを買うことができるのは、店が客のニーズに合った商品をそろえて販売しているからです。持ちつ持たれつの関係なのです。ですから、客からも店からも「ありがとうございました」と言うのは当然のことではないでしょうか？お店だけでなく、タクシーや電車、バスなどの公共交通機関を利用するときも同じです。もしもタクシーが乗せてくれなければ、目的の場所に時間内にはたどり着けないでしょう。だから、ありがとうと言うのは自然なことです。

日本で言われてきた「お客さまは神様です」は、ヨーロッパでは常識ではありません。売り手（商人）と買い手（客）の立場は対等です。「ギブ・アンド・テイク」の関係と考えて行動することが、良いマナーであると私は思います。

ギブ・アンド・テイク

このギブ・アンド・テイクは、愛やセックスにおいても同じです。男性が持っているものは、女性は持っていないし、女性が持っているものを、男性は持っていないのです。だからこそ、男と女は互いを必要としているのです。

相手に足りない部分を自分が補い、自分が足りない部分を相手に補ってもらう。まさに愛の関係も、公平なギブ・アンド・テイクです。この男女の公平な関係のバランスが崩れたとき、つまり男性か女性のどちらかが、自分の受け取った以上のものを相手に与えたときに、二人の関係が難しくなったり、複雑になったりするのです。人生のどんな局面でもバランスは重要で、アンバランスさが多くの問題を引き起こすのではないでしょうか。

カップルがデート後に、「今日も良い日だったね。すごく楽しかった」と感謝し合っていれば、お互いいい気持ちで満足できて、幸せでしょう。しかし、世の中には、付き合っている女性に、ことあるごとにプレゼントをあげないと気がすまない男性もいます。会ってすぐに女性にも高価なものを買い与えるのはいかがなものでしょうか？

もしかしたら、その男性は優しさや女性に対する感謝からそういうことをするのかもしれませんが、これはやってはいけないことだと、私は思います。なぜなら、それは女性の好意をお金で買おうとする行為と見られてしまうかもしれないからです。女性も、男性のプレゼント攻勢に慣れきってしまうと、何か買ってもらわないと満足しないような女性になっていってしまうかもしれません。こんな関係は不幸だと思います。

女性の歓心や愛情を得るために、いつもものや金銭をあげなくてはならない男性……さらに言えば、そうすることでしか自分自身の愛を確認できない男性というのは、哀れなものかもしれません。

店子が大家にペコペコ？

マンションや家を借りるときには、日本人は大家さんに気を遣いますね。考えてみれば、これは不思議なことではありませんか？　実際は、借り手である店子のほうがたくさんのお金を大家さんに払うわけです。これは店でものを買うのと原理的には同じことなのですから、道理でいえば、店子は威張って、大家さんのほうがペコペコするべきではないでしょうか。しかし、実際は大家さんのほうが偉いように見えます。イタリア人の私にとってはよく理解できません。

いずれにせよ、どんな場面でも他人に親切にし、感謝を忘れず、礼儀正しく振る舞うことは重要です。それは大してお金をかけないで、人の歓心を得る近道だからです。人だけに限りません。犬や猫だって、あなたが思いやりをもって接していれば、しっぽを振って親しげに身をすり寄ってくることでしょう。

公共の場所でのマナー

電車やバス、飛行機などの交通機関は公共の場所でもあります。ですから、そんな公共の場所でのマナーはとても大切です。

というのも、このような公共の場所は、たいていスペースが限られており、人々は接近せざるを得ないからです。ラッシュアワーの日本の通勤電車などは、その典型です。普通ならば不快に感じるほどの近距離に他人がいるわけです。ただでさえ人は神経をとがらせています。そこであなたが無礼な振る舞いをすれば、ちょっとしたことでトラブルになるかもしれません。

しかし、そういうことにまったく無頓着な人もいます。自分が今どんな場所にいるかをわきまえず、まるで自分の家にいるかのように振る舞う人もいるのです。

車内で足を広げて二人分の座席を占領している人や、鼻や耳の掃除、髪の毛やメークを整えている人。また、最近は見なくなりましたが、ドア付近でしゃがみこむ人、車両全体に響き渡るような大声で話す人も。一番困るのは、マスクもせず、ハンカチも手も当てずに、盛大にツバを飛ばしてクシャミをする人です。今はコロナ禍で、飛沫感染に人々は敏感になっています。電車内で咳をした人に対して、緊急停止ボタンを押して電車を止めるという形で抗議した人もいました。さすがにやりすぎの感は否めませんが、気持ちは理解できます。

こうした振る舞いは、他人の迷惑になるだけでなく、自分のイメージを損なってしまう行為でもあります。不作法、無教養、鈍感……一度ついてしまったら、これらの不名誉なレッテルは容易にはがせるものではありません。一事が万事なのです。

しかし、これはちょっと注意すれば良いことであって、別に時間もお金もかかりません。公共の場所でマナー知らずの態度を取ることは、百害あって一利なしです。ときには誰かに注意され、お説教を食らうこともあるでしょう。

その昔、真冬のある夜に、私が終電間際の満員電車に乗っていたときの話です。たちの悪い酔っ払いが、乗客の女性に絡んでいました。すると一人の紳士が現れ、酔っ払いにやめるよう注意しました。しかし、酔っ払いは聞く耳を持ちません。そこで電車が次の駅に着いたとき、紳士は酔っ払いの腕をつかんで、電車から引きずり降ろしたのです。それから紳士は素早く車内に戻りましたが、不意を突かれた酔っ払いは戻ることができず、赤ら顔の鼻先でドアが閉まったのでした。この紳士のように勇敢でありたいと思う人はいても、寒風吹きすさぶホームに放り出された酔っ払いになりたいと思う人はいないでしょう?

もしかしたら、この酔っ払いも、ふだんは紳士的な人なのかもしれません。しかし、ほんのちょっとした油断が、彼に公共の場で無礼な態度を取らせ、手痛いしっぺ返しを食らうことになったのです。

もうひとつ重要なマナーは、お年寄りや妊婦さん、小さな子どもを連れたお母さんなどに対する思いやりの心と行動です。この点、日本は優れていると思います。ヨーロッパでも、こうした人たちに席を譲るのは、基本的なマナーのひとつです。

融通とマナー

「融通」と聞くと、日本では「妥協」と同じように、あまり良いイメージが思い浮かばないかもしれません。しかし、これはとんでもない話です。実際のところ、融通とマナーにはとても深い関わりがあるからです。

融通が利くということは、どんな状況におかれても臨機応変に問題に対処できることを意味します。しかし、これは、ルールや法律を無視してもいいということを意味するわけではありません。時間やお金、エネルギーを必要以上に費やすことなしに、状況を素早く把握し、正しい判断をすることが大切なのです。

私たちは日々、本やマニュアルには載っていないさまざまな事態に直面します。これから起こるすべての状況、アクシデント、ハプニングを私たちのために予測してくれたり、教えてくれたりする魔法のツールはありません。最新の人工知能（ＡＩ）であっても、まだその域には達していません。人間は毎日のように間違った判断をします。なぜなら、私たちには適切な判断を熟慮するための資料も手がかりも不足しているからです。ですから、誰しも間違いをするのだと思えば、自分にも、他人にも寛大になれるでしょう。これも立派な融通のひとつです。

イタリアではこう言います。「間違いを犯すのは人間、許すのは神」と。イタリアで、ある有名な法務大臣が、車の運転中に警官に止められ、免許証の提示を求められました。そのとき大臣は休暇中で、免許証を持っていませんでした。なおかつ、運転していたのは友人の車でした。しかし、法務大臣は自分の地位と権力を利用しようとはせず、ただ警官にこう謝ったそうです。

「大変申し訳ありません。休暇中なもので、免許証を家に忘れてきてしまいました。罰金でも何でも、言う通りにいたします」

すると警官は笑顔でこう答えました。

「あなたは免許証が必要なものだとわかったのですから、今後は常に携帯してください。でも運転には気をつけてください。では、良い休暇をお過ごしください」

法務大臣は、その警官の名前を手帳に控えておきました。そして警察の担当官にことの次第を報告したのです。大臣は警官のフレキシブルな対応に驚き、感服したのですね。その警官はのちに昇進しましたが、その理由をその後何年も知らなかったということです。

日本で同じようなことが起こったら、警察の権力への迎合だとか、職務怠慢だとか、スキャンダルとして取り上げられるかもしれません。しかし、このイタリア人の警官は、人間誰しもミスを犯すことをわかっていて、なおかつ大臣が反省していることを理解して、そのような行動を取ったのです。彼の行動はイタリアでは称賛されました。

日本の駐車取り締まりはフレキシブルさがありません。ちょっと路上に車を停めていただけで、緑の服を着た駐車監視員から駐禁のステッカーが貼られるたびに、少しは「お目こぼし」してくれないものか、と感じる瞬間があります。融通とは一種の才能であり、マナーであると私は思っています。

目玉焼きで大激論

日本のホテルやレストランで「融通のなさ」に直面し、面食らった外国人の話は多いものです。

あるとき、知人のヨーロッパ紳士がビジネスで東京にやってきました。彼は一流ホテルに滞在したのですが、仕事がとても忙しく、滞在中にホテルのレストランに出向いてランチを食べる時間さえありませんでした。そこで彼はルームサービスを頼むことにしました。目玉焼きの乗ったキングサイズのハンバーグをオーダーしたのですが、やってきたボーイがこう言うのです。

「お客さま、大変申し訳ございませんが、目玉焼きをつけることはできません」

「それはどうしてですか?」と紳士は尋ねました。

「10時30分までのモーニングの時間内にしか、目玉焼きはお出しできないのです」とボーイ。

「では10時30分以降、卵はどこに行ってしまうのでしょう?」

「もちろん冷蔵庫の中にございますが……」

「では、その卵で目玉焼きを作って、ハンバーグの上に置いていただけませんか? もちろん、目玉焼きの追加料金はお支払いしますから」

「それはできかねるのです、お客さま」

それでも紳士は諦めず、食い下がりました。

「私は低血圧なので、何かスタミナのつく食べものがないと仕事にならないのです」

ボーイはシェフを呼びました。そしてシェフと紳士の間で押し問答が繰り返されました。しびれを切らした紳士はホテルの支配人を呼び、こう言いました。

「私はゲストで、とても高価なスイートルームに宿泊しています。目玉焼きが乗ったハンバーグを食べたい、私がお願いしているのはただそれだけのことなのです。なぜそれが不可能なのですか？」

支配人、シェフ、ボーイと額を突き合わせ、小一時間にわたり議論をしました。そしてようやく、紳士はお目当ての目玉焼きつきハンバーグにありつくことができたのです。しかし支配人が最後に付け加えた一言に、紳士は驚きました。

「私どもは通常、10時30分以降に目玉焼きをお出しすることはしていません。ですが、お客さまは外国の方であり、大切なゲストでもありますので、特別にサービスをさせていただいたわけです」

下手な冗談のようですが、すべて本当の話です。その紳士が二度とこのホテルに泊まらなかったのはいうまでもありません。客がきたときのホテルのマナーとは、こうした小さなことに気を配る必要があると思います。

ココナッツジュース

前述と似たような話は、日本だけではなく、外国のリゾートのホテルでもあります。

これは私の体験談です。とても暑い夏の午後でした。そのホテルに滞在していた私と友人は、名物のフレッシュ・ココナッツジュースを注文しました。すると、ウェイターはこう言うのです。

「お客さまのお気持ちはよくわかります。私たちの国のフレッシュ・ココナッツジュースは最高ですから。しかし、支配人から、午前10時以降にはココナッツジュースを出してはならないとお達しを受けておりまして……なぜだめなのか、私にも理由はわかりかねるのですが、そういうことになっているのです」

私たちはその翌日、ホテルを変えました。もちろん、理由は説明せずに。

後に、そのウェイターは支配人に進言したそうです。

「支配人、この国では、気分を爽やかにしてくれるココナッツジュースはとても有名で、お客さまも誰もが飲みたがっています。朝だけに限らず、どんなときでもお出しするほうがよろしいのではないでしょうか。料金を支払うのはお客さまなのですし、何よりお客さまが喜ぶでしょう」

融通の利かない人には、ルールやシステムを遵守することが目的になっている人や、ときには他人に嫌な思いをさせてストレスを与えることに喜びを覚える人もいるかもしれませんね？　頑固なことが「ブレない、カッコいい」ことだと思っているのかもしれませんが、勘違いもいいところです。融通が利かずに頑固なのは、カッコいいことでも「強い」ことでもなく、ただ心が偏狭だと思われるでしょう。

もし、あなたがたった一人でも生きているだけの能力や莫大な財産に恵まれているのでしたら、融通を利かせる必要などないでしょう。しかし、現実には、そんな人間は誰もいません。ですから、もしあなたが幸せになりたいのなら、まずは他人を幸せにする方法を知ったほうが良いと思います。

日本のマナーを見直そう

20年くらい前までは、日本人は世界で一番アメリカナイズされた人々だったように思います。映画、音楽、ファッション、食べもの、ライフスタイル、教育、ビジネス、あるいは暴力などの悪い習慣まで……。

一般的に、若い人たちというのは自国の歴史や文化をあまり知りません。日本の若者も例外ではありません。自分の国のことをよく理解しないまま、アメリカ文化に興味を示す人も多いと思います。

例えば、ハリウッド映画のなかには、タフであること、他人に敬意を表さないこと、礼儀正しくないことが美徳とされているものもあります。ですから、世界の多くの若者はその影響を特に受けやすいのです。しかし、映画のなかではカッコよくとも、現実ではただの礼儀知らずだと思われてしまうこともあるでしょう。

その昔、故・高倉健さんが主演した『ミスター・ベースボール』という映画がありました。日本のプロ野球にアメリカからやってきた外国人選手を題材にした映画です。作品自体の善し悪しは別にして、映画の終盤で、あるシーンが気になったのを記憶しています。それは、助っ人外国人選手の影響で、アメリカのメジャーリーガーと同じように、日本人選手がベンチにふんぞり返って座り、ひまわりの種の食べカスを吐き散らしているシーンです。映画のなかでは、こうした「アメリカ流」のやり方を学び、日本の球団が強くなったというふうな描き方をされていたのですが、こうした不作法と野球のうまい下手はまったく関係ないでしょう。アメリカのメジャーリーガーである日本人の大谷翔平選手は、ひまわりの種をベンチに捨てないマナーを持っていて、尊敬されているようです。野球の才能でも評価されていますが、良いマナーもアメリカ人に感銘を与えたようです。

あくまで私見ですが、アメリカに留学したりすると、いわゆる「アメリカかぶれ」になって帰ってくることがよくあります。アメリカ流の不作法や生意気さをたっぷりと吸収して帰ってくるわけです。

もちろん、アメリカの文化にも良いところがたくさんありますし、素晴らしい人物もたくさんいます。しかし、アメリカの文化はかつてほど絶対的なものではなくなりました。世界では、自国の歴史や文化に目を向ける若い世代が現れてきています。

「ナンバーワン」は素晴らしい？

日本でかつて、ナンバーワンではなく、オンリーワンを目指そうという歌が流行しましたが、これはその通りだと思います。ナンバーワンであることになんらかの価値があるのは事実でしょうが、それは世間で思われているほど重要なことではないかもしれません。

しかし、現代のアメリカにおいては、このナンバーワンというのが絶対的な価値です。軍事力や政治力、スポーツ、文化、エンターテインメントに至るまで、すべてにおいてナンバーワンになろうとする国、それが現代のアメリカです。

「Make《メイク》 America《アメリカ》 Great《グレート》 Again《アゲイン》（アメリカを再び偉大に）」という標語は、もともとはロナルド・レーガン元大統領（共和党）が選挙で使ったものでしたが、トランプ大統領の登場によって再度有名になりました。この標語こそが、アメリカのメンタリティーを表していると私は思います。ここでいう「偉大」とはすなわち、「ナンバーワン」のことにほかなりません。

しかし、何においてのナンバーワンなのでしょう？　政治？　軍事力？　スポーツ？

確かに軍事力においてアメリカはいまだに世界ナンバーワンの国であり、現在も世界中に軍事基地を持っていますが、ナンバーワンの地位を脅かされつつあります。そのことを認識しているからこそ、トランプ大統領は例の標語を叫んだのかもしれません。

ナンバーワンとはそれほど重要な価値なのでしょうか？　少なくとも、ヨーロッパではそうではありません。ヨーロッパの作家や科学者、哲学者たちの多くにとって、ナンバーワンはいつでも素晴らしいことであるとは限りません。なぜなら、それはただひとつのことだけを基準にした価値観だからです。

医療従事者の方々に敬意を

1000人の男性がいたとしましょう。そのなかの一人の男性が、ほかの人よりも素早く、正確にボールを蹴ることができるとします。ということは、ボールを蹴るうまさという点においては、彼が一番だということになります。では、彼以外の、残りの999人の男たちは価値がないということになるのでしょうか？

決してそんなことはありません。彼らのなかには、農作物をうまく育てられたり、法律に詳しかったり、医療に通じたりしている人などがいるでしょう。彼らはそれぞれの得意分野においては、ボールをうまく蹴ることのできる男性よりも優れていることになります。

サッカーや野球のスーパースターには、私たちには想像もできない額のお金を稼ぎ、さまざまなメディアに登場します。もちろん、それは彼らのスポーツ選手としての、努力の賜物であるわけですから、なんら非難すべきことではありません。

しかし、このコロナ禍のなかで、患者の治療や研究、調査に力を尽くしているたくさんの医療関係者。彼らがメディアに露出する機会はスポーツ選手やタレントなどに比べればはるかに少なく、また同じような敬意が払われているでしょうか？ マスメディアの報道の大半も同じです。ですから、コロナ禍で、一般人が医療用マスクを買いあさり、本当にそれを必要としている医療従事者の手に届かないというような事態が起こったのです。芸能人の誰々が感染したという報道も重要ですが、それよりもこうした医療現場の状況をリポートするほうが、はるかに大切ではないでしょうか。

スポーツの大会で優勝することは、確かに素晴らしいことで、それを観戦する私たちにも感動を与えてくれます。しかし、危険な医療現場で命をかけて、患者を救おうと尽力している人たちの功績は、金メダル以上のものに値するのはいうまでもないことです。

はからずも、このコロナ禍によって、ナンバーワンというものの価値の曖昧さが暴露されているように思います。最後まで勝ち残った人だけが素晴らしいなど、というスポーツ的、競争的な価値観は、疫病と死の恐怖の前ではなんの役にも立ちません。それよりも、それぞれの場所で、それぞれができることをして、できるだけ平穏に、幸せに暮らしていく。それが大切なのではないでしょうか。

世界にナンバーワンはたくさんありますけれど、それらのすべてが良いものであるわけではないし、また人生に必要なわけでもありません。世界で一番売れているファストフードと同じですよ。一番売れているといっても、一番質が良いわけでも、おいしいわけでもないでしょう？

真のカッコよさとは何か

カッコよくあるために、ナンバーワンである必要はありません。それでは、真のカッコよさの条件とはなんなのでしょう？

私見では、それは「本当に良いことをしたときほど、謙遜する」という姿勢であると思います。

古代ローマにこんなエピソードがあります。当時、大富豪で権力を持った人たちのなかに、年に2回、貧しい人々をディナーパーティーに招待し、皆にプレゼントを配りました。しかし、パーティーの主催者は自分の名を明かすことはなかったのです。彼ら主催者たちの思いは、「助けが必要な人の力になれるのであれば、それだけで幸せ」という、ただそれだけだったのです。

あるいは近代イタリアにも素晴らしい話があります。ジーノ・バルタリという伝説的な自転車競技の選手がいました。バルタリは国民的な英雄であり、彼が1948年のツール・ド・フランス（フランスで開催される世界最大の自転車レース）で優勝したことが、共産党書記長の銃撃事件で内戦の瀬戸際にあったイタリアを救ったと言われたほどでした。

第2次世界大戦中、当時のムッソリーニ政権もまた、彼の威光を利用しようとしました。しかし、敬虔《けいけん》なカトリックでもあるバルタリは誘惑を退け、バチカン市国に引きこもり、そこを拠点にひそかに800人ものユダヤ人を救出したのです。伝えられるところによれば、自転車のサドルの下や、フレームのパイプの中に偽の身分証明書を隠して運んだそうです。とても気高く、勇敢な行為です。しかし、バルタリがそれを自慢したことはありませんでした。生前、そのことについて尋ねられると、バルタリはこう答えました。

「善行というのは語るものじゃなくて、行うものだろう。服の上にかけるメダルだけではなく、魂にかけられるメダルもあるんだ」

カッコいいというのは、まさにこういうことではないでしょうか。

一番かどうかなんて、大切なことではないのです。人にできることは人それぞれなのですから。自分にできることを見つけ、それに誠実に努力し、自分から称賛を求めない。そうしていれば、たとえナンバーワンでなくとも、目をかけてくれる人、ついてきてくれる人はきっといますし、充実した人生を送ることができると思います。

旗にあふれる国、アメリカ

ところで、アメリカの悪口ばかりを言っているように思われては困るのですが、良いところもたくさんあるのです。そのひとつが、アメリカが自国の旗、つまり星条旗をとてもリスペクトしているところです。

2020年のアメリカ大統領選挙などの様子をテレビで見ると、演説する候補の背後で数えきれないほどの星条旗が掲揚されています。選挙であれほどの数の国旗が掲揚される国というのは、ほかに思いつきません。

アメリカの街中にもたくさんの星条旗であふれています。私がかつてアメリカを訪れたとき、そのことに大変驚き、星条旗を掲げているお店のご主人に理由を尋ねてみました。そのご主人は「言われてみればそうだね。どうしてかな?」と笑って答えました。アメリカ人にとって、国旗を掲げるというのは当たり前のことなのですね。旗というのはその国の象徴なのですから、それをリスペクトするというのは、素晴らしいマナーだと思います。

　だからこそ、アメリカを非難する人たちが、星条旗を燃やしたり、引き裂いたり、踏みにじったりすることに対して、アメリカの人々は強い怒りを覚えるのでしょう。そのことを知らない世界のテロリストたちがアメリカ人の怒りに火をそそいでいます。国旗を大切にしない人は、マナーに欠けると思われてしまいます。特にアメリカ人は、旗のマナーを大切にしていると思います。

サンマリノ共和国の国旗

　母国サンマリノ共和国の国旗は１８６２年に制定されました。青は空とアドリア海、白はティターノ山の雪を表しています。中央の紋章には、王冠、ティターノ山の３つの峰と塔などが描かれ、月桂樹や柏の葉で囲まれています。紋章の下に書かれている文字は、ラテン語で自由(LIBERTAS)と書かれています。サンマリノ人は、ヨーロッパ最古の共和国、そして自由を誇りに思っています。

　国旗といえば、日本のことにも触れないわけにはいきません。一説によれば、７０１年（大宝元年）に、文武

文武天皇

天皇が朝廷の元旦の行事で用いた「日像」が起源とされています。文武天皇は、早朝の白み始めた空に、真っ赤な太陽が昇るのを見て、それを旗にすることを思いつかれたといわれています。私が調べた限りでは、歴史に残る世界で初の国旗であると思います。こんなに歴史のある国旗は、世界中を探しても見つかりません。ベトナムの日の丸をはじめ、世界各国の日の丸の資料を私は持っていますが、それらの旗には明らかに日本の日の丸から影響があるように思えます。

近代では、江戸時代の鎖国が終わるころ、欧米諸国が日本に国交を求めて頻繁に来航し、外国船と日本の船とを識別することが必要になってきました。そこで薩摩藩主の島津斉彬が徳川幕府に建議し、徳川幕府はこれを入れて、１８５４年（安政元年）に「異国船に紛ぎれざるように日本総船印は白地に日の丸」と定め、明治の新政府も１８７０年（明治3年）、改めて日の丸を「国旗（日章旗）」として布告しました。日章旗をもとに白地に太陽光を表す赤系の光線（旭光）を用いたものが「旭日旗」。光線が四方八方に雲なく広がるデザインはハレを表現し、慶事などの際にめでた

パラオの国旗（水色地に黄色い丸）

バングラディッシュの国旗（緑地に赤い丸）

チュニジアの国旗

ラオスの国旗

清の国旗（1889 ～ 1912）

ベトナム王家の国旗（1788–1802）

丸がモチーフになっている国旗・王家の旗

さを表しているそうです。これも古代からよく使われた旗で、今も海上自衛隊の艦の識別旗として使われています。シンプルで美しい日章旗、旭日旗のデザインは、見るたびに美しいと思います。

理由は不明ですが、意外にも世界には「丸」を主なモチーフとした国旗が多いです。日の丸もその代表です。白地に赤丸だけというシンプルな日本の国旗には、ひとつ利点があります。それは、上下を逆さまにしてもまったく変わらないこと。国旗を逆さまに掲揚するのは通常は極めて無礼なのですが、日の丸に関してはこの無礼の働きようがないのです。

マナーは教育次第

マナーと教育は非常に密接に関係しています。生まれながらの紳士淑女など、そうそういるものではありません。マナーは学ばなければ身に付きませんが、逆にいえば、学ぶことで誰でも素晴らしいマナーの持ち主になれるのです。

たとえ両親がしっかりとした家庭教育をしていたとしても、必ずしも子どもがそれに素直に従うとは限りません。なかには友人や学校の先生、出入りしているお店の人間、あるいは周囲の悪い人の意見のほうを大切にしたりする人もいます。つまり、同じ家庭に育った子どもたちでも、同じようなマナーの持ち主になるとは限らないということです。

兄弟姉妹の性質の違いを考えてみるとわかりやすいでしょう。例えば、3兄弟というのはだいたい、3人とも異なる性質をしています。一人は、出来の良い優等生タイプ。もう一人は、とりたてて何かに優れているわけではないが、愚かでもない平凡なタイプ。そして最後の一人が、何かしら面倒を起こしては家族に迷惑をかける問題児タイプ。こういう兄弟っているでしょう？　両親は同じ躾を施しているはずなのに、こうも違うタイプに育つのです。

イタリアでは、最後に挙げた問題児タイプのことを「家族の黒い羊」といいます。白い羊の群れのなかに、1匹黒い羊がいたら目立ちますし、どの親からこの羊が生まれたのか、どこからやってきたのか、みんな不思議に思います。

もし、出来の良い子ども、つまり白い羊であれば、両親や親戚は「さすがはうちの家系だ。親戚の誰々に似て、すごく頭が良い」と言うでしょう。

しかし、子どもが黒い羊だった場合、逆に「いったいこの子はどうしてしまったんだろう？　誰に似たんだ？　うちの家系にはこんなタイプはいないのに」なんて言うのです。

思い出すのは、かつて映画『エデンの東』でジェームズ・ディーンが演じたキャルです。彼はまさに家族の黒い羊で、面倒ばかり引き起こします。しかし、彼には彼なりの考えと思い、そして優れた能力があるのですが、家族はそこに目を向けようとせず、悪い面ばかりを見るのです。たとえあなたの家庭に黒い羊がいたとしても、彼あるいは彼女を理解しようとする努力をやめないことが良いマナーだと思います。

個性はもろ刃の剣

さて、現在イタリアで行われている教育は、非常に自由なものです。第2次世界大戦前後は非常に厳格だったのですが、今ではそんなことはありません。

先生と生徒の間でオープンディスカッションが行われるため、生徒は教師に対して、自分の考えや思いを自由に述べることができます。こうしたシステムを、私はとても良いものだと考えています。先生と生徒が率直に意見を交換する場があるということは、非常に大切です。互いの良い点、悪い点が明らかになり、教育制度の改善にも寄与できます。

しかしときには、先生に対して非常に攻撃的な生徒もいて、自分の意見が間違っているのに、それを無理やり押し通そうとする生徒もいます。こういうときに大切なのは、先生と生徒、互いの主張のバランスを取ることです。

もちろん、言うほど簡単なことではありません。しかし、生徒が感情的になっているからといって、教師まで感情的に対処してしまっては、救いようがありません。そうではなく、冷静に問題を検討してみれば、おのずと解決策や妥協点は見えてくるはずです。常に生徒が正しいわけではなく、また教師が常に正しいわけでもないのですから。

ところで、子どもの育成方針として「自由奔放に育てるべきであって、あまり厳しすぎる教育はよくない」というものがあります。特に日本では、一昔前の詰め込み教育への反動からでしょうか、そういう風潮が最近は強いように感じます。厳しい教育は、子どもの自然なパーソナリティーに悪影響を及ぼすとか、個性を変え、壊してしまうと考える人もいるようです。

独自のパーソナリティーを備えることは、それが常識の範囲内であれば、とても良いことだと思います。しかし、もし、お子さんがあまりにも特異的で、奇妙な振る舞いをするようでしたら、早めにカウンセリングを受けることをおすすめします。幸いにも、日本では発達障害傾向のあるお子さんに対する理解が進んできているところですので。

あまりにもスパルタで厳しすぎる教育はよくないですが、かといって野放し状態で自由勝手にさせすぎるのもどうかと思います。というのも、親はときに子どもの行動に対して責任を取らなければならないからです。

物事は何でも、バランスが重要です。そここそが難しいところで、人間に関することで「0か100」で割り切れる問題などないのです。必ずその中間点を探らなくてはならないのですが、問題なのは、その中間点を「誰が、どのように」判断するのかということで、それこそが教育の永遠のテーマともいえるでしょう。

子育てにやり直しはきかない

また、子どもを持つ前に、いったん冷静になってよく考えたほうが良いと思います。もし、子どもを育てる適性や能力がないと思うのなら、子どもは持たないほうが良いでしょう。いざ産んでから、「私には育てられないから、やっぱり子どもはいらないわ」というわけにはいかないからです。

子どもを持てば、すぐさま誰でも親になれるというわけではありません。子育ての適性と能力を欠く親を持ってしまった子どもも、いずれは大きくなります。そして問題だらけのこの複雑な社会のなかで、自分の力で生きていかなければならない時期が来るのです。そのとき、親の教育の行き届かなかったこと、マナーを知らないことに一番苦しみ、傷つくのは、その子どもなのです。

子どもをつくることを「どんな子が生まれるかなあ。あなたと私のどちらに似た子ができるかしら」などと、賭けでもするかのような感覚で親になるカップルもいます。あるいは、まるで金魚や小鳥などのペットでも飼い始めるように、軽い気持ちで……。

これがとんでもないことだというのは、改めて言うまでもないことです。子どもは素晴らしい授かりものですが、子どもを育てるのは簡単ではありません。リハーサルもお試しも、やり直しもできない、真剣勝負の大仕事なのです。

ユーモアの大切さ

「人間は笑うことのできる動物である」という定義があります。これに対して、とある無名のユーモア作家がこう答えたことがあります。「いやいや、人間は他人を笑わせることのできる動物だ」と。一理あります。

他人を笑わせる最も確実な方法は、あなたが愚かであることをさらすことです。裸の王様ではないですが、あなたが自分の容姿や社会的地位に対して称賛を求めようと必死になればなるほど、周囲の人間は口ではいいことを言い褒めそやしながら、裏であなたを物笑いの種にすることになります。もっとも、この場合は「笑わせている」というよりも「笑われている」のだと思いますが……。

ユーモアは、ストレスやコンプレックス、社会の面倒なしがらみや決まりごとから、私たちの解放してくれるものです。

ユーモアにはいろいろなタイプがあります。ジョークはそのなかのひとつです。大衆に受けるという点では、最も簡単、かつ効果のあるユーモアと言えるでしょう。

ジョークは、たいていの場合、自然発生的に生まれます。偶然に、しかも衝動的に生まれるのです。とはいえ、ジョークで人を笑わせるためには、状況への鋭い視点も必要です。つまり、知的なセンスが問われるわけです。

間違って時代遅れのテーマをジョークにすると、それは最悪の状況を招いてしまうことになります。もはや誰も話題にしない、廃れたことをジョークで表現しても、笑ってくれるのはセンスのずれた人だけでしょう。それ以外の大多数には受けません。ダジャレなんかは、この代表かもしれません。

ジョークは「モンスター」の特効薬

ところで、私たちは他人を侮辱し、小ばかにしたようなジョークを、面白く思いません。しかし、善良な人たちまでをも、私たちはジョークの餌食にしてしまいます。それにはこんな理由があるのだと思います。

あらゆる人間、特に現代のような混迷を極める社会に生きる人間は、社会の人間関係や親類縁者との関係のなかで、頻繁にトラブルに遭遇します。そうしたトラブルによって、人はいじめられ、虐げられ、傷つきます。またときに、自分の意思とは真逆の方向にどんどん流されていくこともあります。仕事、家庭、恋人、子ども、親戚、上司、ご近所付き合い……私たちを窮屈にさせる厄介ごとはたくさんあります。

これらのすべてが、あなたの自由意思の代わりに、あなたの支配者となります。あなたを圧倒し、無理やりに選択を迫り、苦しみと悩みのなかへ追い込んでいきます。

こうしたトラブルの元凶を総称して「モンスター」と呼びます。人はこうした「モンスター」をジョークにして、こっぴどくばかにして笑い合うことで、留飲を下げるわけです。効果は絶大です。サラリーマンたちが、飲みに行くと一緒になって上司の悪口を言い、杯を酌み交わすのを思い出せば、その卓効ぶりに納得いただけるのではないでしょうか？

ユーモアは、世の中に存在するさまざまなタブーに近づき、崩すための手段です。これこそ、ジョークがこれほどまでに全世界において成功してきたことの理由といえます。ジョークであれば、どんな表現でも自由です。どんな困難にも立ち向かえます。

ベン・ジョンソン

エリザベス1世時代のイギリスで、ベン・ジョンソンという劇作家が、「コメディ・オブ・ユーモアズ」という戯曲を書いています。これは訳せば「気質喜劇」という意味です。ユーモアというのはこの場合、気質という意味なのです。というのも、人間が生まれつき備えた気質、例えば神経質だとかずうずうしいとかそそっかしいとか、そういう人間本来の性格や気質は変えようがない。本来はそういう気質を意味したユーモアというものは、結局はどうにもならないもの。それを客観視するところから、今の意味でのユーモアが出てきたのです。所詮、人間というのはどうしようもない、どうにもならないものだという悟り、しかし、それを温かく見る目線や気持ち、それこそがユーモアなのです。

また、古代ローマの劇作家、プラトゥスの舞台では、変装した主人を泥棒と間違えた奴隷が主人をこん棒で散々に殴る場面に、観客が大喝采を送ったといいます。

古代ローマ人ほどではないにしろ、現代に生きる私たちもまた、自分たちの「主人」であるモンスターたちを、笑うことで蹴散らしています。

私たち人間の奥深いところには、他人から受けた不愉快な仕打ちに対して復讐してやろうという、どこか野蛮な本能が潜んでいます。それだけでなく、古代から連綿と受け継ぐ「生き残るためなら、どんな残酷なことでも衝動的にする」という、さらに恐ろしい本能まで備えているのです。

日常生活のなかでは、私たちはそうした本能を抑えつけています。だからこそ、ジョークや漫才、コント、喜劇や皮肉を見ることで、それらの本能を一気に表面に噴出し、憂さ晴らしをするわけです。ジョークだったら安全ですからね。「これはほんの冗談なんですよ」と言い訳すればすむことですし、何より、笑うことは健康にいいのですから。

第4章

男と女のマナー

[…251]　荒見泰史[編]●2,800

…仏教 近現代の仏教的人間像

森覚[編]●7,500

…ロナ時代の東アジア 新しい世界の国家・宗教・日常

[アジア遊学 253]　玄武岩・藤野陽平[編]●2,800

上海におけるプロテスタント

現代中国の都市と宗教空間をめぐる変遷　村上志保[著]●6000

中国史書入門 現代語訳 北斉書　氣賀澤保規[監修]●6,000

宋代中国都市の形態と構造　伊原弘[著]●4,500

ロマノフ王朝時代の日露交流

東洋文庫・生田美智子[監修]／牧野元紀[編]●3,800

ナチズム・ホロコーストと戦後ドイツ

[現代ドイツへの視座─歴史学的アプローチ　2]　石田勇治・川喜田敦子[編]●6,000

ドイツ市民社会の史的展開 [現代ドイツへの視座─歴史学的アプローチ　3]

石田勇治・川喜田敦子・平松英人・辻英史[編]●6,000

蔵書はめぐる 海外図書館の日本古典籍コレクション

[書物学18]　編集部[編]●1,800

中近世移行期の文化と古活字版　高木浩明[著]●15,000

アートシーンを支える　[デジタルアーカイブ・ベーシックス4]

高野明彦[監修]／嘉村哲郎[責任編集]●2,500

メソアメリカ文明ゼミナール

伊藤信幸[監修]／村上達也・嘉幡茂[編]●4,800

勉誠出版の本

江戸庶民のまじない集覧

創意工夫による生き方の智恵

長友千代治［著］

疫病、災害、
男女関係、
不妊、子育て、
疾病、寿命…

生活のなかで直面する
さまざまな悩みや障害に、
江戸時代の人々は
「まじない」により対処してきた。
それらは、生き方を積極的に探し求めて
考え出された智恵であり、
いまを生きる我々にも
貴重な示唆を与えてくれる源泉でもある。
江戸時代に出版・書写された資料を博捜、
効能別に分類し、図版とともに紹介する
「まじない」百科事典！

図版点数
240点
以上!!

本体**六、〇〇〇**円（+税）
A5判上製・三九二頁

「プラトニック・ラブ」

愛は人生で最も美しいものです。多くの詩人や作家、哲学者は、異口同音にこう述べています。「多くの人々は実際、愛によって人生の目的を見いだし、生活や仕事へのエネルギーを得るのである」

英語の「Love《ラブ》」という言葉は、「激しい欲望」を意味するラテン語「Libido《リビドー》」に由来していると言われます。実際、ほとんどの場合、愛とセックスは切っても切り離せない関係にあるのです。そういうわけで、愛にはたいていセックスの意味も含まれるのです。

しかし世の中には、「プラトニック・ラブ」というものもあり、これはセックスを含まない、純粋な愛と呼ばれるものです。この言葉は、古代ギリシャの哲学者、プラトンに由来します。しかし、これをただ「純粋な愛」と呼ぶことには、正直疑問を覚えます。

プラトンは晩年になり、性的な関係を持つことが不可能になった後も、まだ女性と愛し合いたいと思っていたようです。そこで彼はなんとかできないものかと思案した揚げ句、セックスなしの愛、つまりプラトニック・ラブを考案したのでしょう。この愛はいわば、純粋に精神的なものです。見たり、話をしたり、想像することはしますが、そこまで。セックスはなしです。

もっとも、プラトンは好んでこんな面倒くさい愛を考えたわけではなく、すでに述べたように、高齢で肉体関係を持つことができなくなったから、そうしたのだと私は思います。いわば逃げを打ったわけです。もし、彼が性的不能に陥っていなかったとしたら、何のためらいもなく、観念的な愛よりも肉体的、性的な愛を選んだことでしょう。

そんな「逃げ口上」としてのプラトニック・ラブですが、ときに都合よく利用されることがあります。

例えば、こんなときです。まさに今、酔った勢いなど、なんらかの流れで性的な関係を迫られるような状況になってしまったとします。しかし、実はさほど好きでもない相手だったり、気が乗らなかったりで、どうにかして性的関係を持つことは避けたいと思った場合、あなたはどうするでしょうか?

「ごめんなさい。あなたとはセックスできません」、あるいは「あなたを愛することはできません」などと、ストレートに言うことはさすがにはばかられます。これは実に強烈で、ショッキングな言葉です。相手は当然傷つくはずです。

しかし、ここで、「あなたとはプラトニックな関係でいたいのです」と言ったらどうでしょう?

これならば、セックスをしたくないとはっきり言わずにすみますし、相手を傷つけることもないでしょう。

ですが、すべての人がこれで納得してくれるとは限りませんね。例えば、相手が非常に教養のある人で、こう反論されたらどうでしょう。

「プラトニック・ラブなんて君は言うけれど、あれはプラトンが高齢でセックスができなくなったから、苦し紛れにつくった逃げ口上なのだよ。私は性的不能ではないし、君も性的不能なわけじゃない。だから僕らの場合、プラトニック・ラブは適用外だと結論づけられると思うのだが、どうかな？」

プラトン

ここまで理路整然と反論されてしまっては、もうどうしようもありませんね。相手の教養と機知に敬意を表して、ここはおとなしくベッドにというわけにもいかないでしょうね、おそらく。

愛はプラトニック・ラブを超える

愛は生きるための力です。愛のない人生なんて、まるでソースのかかっていない真っさらなスパゲティのようなものです。ダイエットのためならまだしも、常人であれば食べたいとは思いません。愛のない人生はむなしく、意味のないものかもしれません。音楽や絵画、文学、舞台芸術などの素晴らしい作品もすべて、愛の産物です。もしかすると、今よりももっと人々がお互いを気遣い、愛するようになれば、争いや戦争などこの世からなくなるかもしれません。だからこそ、イエス・キリストは「汝の敵を愛せよ」と言われたのだと思います。

現実には、不幸なことに、愛の力を信じない人がたくさんいます。愛することを大切にしない人、本物の愛よりもくだらないことを好む人、愛よりも友だちを選ぶ人など、例を挙げたらきりがないくらいです。これらの人たちは、本物の愛を知らず、愛の美しさや素晴らしさに見向きもしない人たちなのです。

そういえば、プラトニック・ラブに関して、イタリアに面白い話があります。

イタリア南部の田舎町に、とても美しい若い娘がいました。彼女は偶然、裕福で家柄もある男性と知り合いました。彼はとても洗練されていて、教養もあり、素敵な男性でした。出会ってすぐに二人は親しくなり、たびたびデートをするようになりました。やがて、彼女は彼のことをお母さんに話しました。すると、お母さんは、

「そんな素敵なボーイフレンドを見つけるなんて、すごいじゃない！　彼にはいつも優しくして、ずっといい関係を保てるように努力するのよ」

と大喜びして言いました。それから数日後、彼とのデートの前に、彼女はお母さんにこう尋ねました。

「ねえ、お母さん。彼にね、結婚するまでの間は、プラトニック・ラブをしようって言われたの。でも、プラトニック・ラブって何？」

お母さんはこう答えました。

「あら、困ったわねえ。私にもちょっとわからないわ。でも、どんなラブでもいいけれど、とにかく避妊だけは忘れないように彼にちゃんと言ったほうがいいわよ。後でとんだことにならないようにね」

私は教養のある彼よりも、このお母さんのほうが真理に近いと思うのですが、いかがでしょうか？

嫉妬について

嫉妬は人間に備わる自然な感情です。どんな人格者でも、嫉妬を感じる瞬間というのはあるものです。

また、これは不思議なことですが、相手との関係が親しくなればなるほど、それだけ嫉妬は生まれやすく、また激しいものになります。つまり人間というものは、ほとんどの場合、まったく見知らぬ相手には嫉妬しません。大切な友人や親しい身内にこそ激しく感じてしまうもの、それが嫉妬です。

例えば、恋人同士の間に起おこる嫉妬には、ふたつのタイプがあります。

まずひとつは、パートナーが「誰かと浮気をしたのでは？」と感じるようなことがあったときに起こる嫉妬です。この嫉妬は「愛する人を失うかもしれない」という恐れから生じたもので、比較的良いタイプの嫉妬といえるでしょう。

もうひとつは、二人のうちの一方だけに、ある第三者と関わるチャンスがあり、もう片方は同じチャンスを持てなかったときに起きる嫉妬です。これは、パートナーに対する情愛がなくなって、

嫉妬していないフリだけでも

どんなときでも自分の感情を律して、できるだけ顔に表さないようにする。それができる人のことを、世間では人格者とか、大人などと呼びます。

同じように、どのような状況でも、嫉妬の感情をコントロールする最善の方法は、まず冷静になること。そして忍耐強くあることです。そうして、あなたが嫉妬をするような情けない人間であると相手に思われないようにしなければなりません。嫉妬を見せることは弱みなのです。これは本当に重要なことです。

もし、嫉妬を感じる相手がいたら、できるだけその人に好感を持つように努力しましょう。そうすることで、あなた自身の気分も良くなりますし、相手に好印象も与えられます。もちろん、その好感はあなたの心の底から出たものではないでしょうけれど、自然にそんな気持ちになるまで、フリをするだけでいいのです。本心は決して顔に出さず、心からそう思っているように演ずるのです。あなたがうまく演技をすれば、相手がよほどの切れ者でもない限り、読まれることはないでしょう。

というのも、嫉妬すればするほど、嫉妬しているあなたは不愉快で、みじめな気持ちになります。

嫉妬のストレスによって損害をこうむるのは、あなたなのです。医学的に見ても、脳下垂体副腎系の有害な反応が起こり、心身にマイナスの影響が出る可能性が大なのです。

毎日、恋人や友人、同僚や親戚、あるいは敵に感じる嫉妬に圧倒され続けるなんて、もうたくさんですよね。それでも、あなたは嫉妬をするというのでしょうか?

イタリアには、嫉妬に関するこんなことわざがあります。

「敵から身を守ることはできるが、友人から身を守れるかどうかは、神のみぞ知る」

友人からの嫉妬は理解に苦しむことがあります。しかし、嫉妬などしないだろうと信じていた大親友が、地獄の業火のような嫉妬の炎を燃やしているということが、世の中には少なくないのです。自分と他人の嫉妬には注意を払うことです。

キスは神聖なもの

キスの始まりは、古代ローマ人が結婚式のとき、皆の見ている前で誓いのキスをするようになったと言われています。

古代ローマ人は、キスは自分の魂を相手に吹き込み、相手の魂を自分が吸い込む行為、つまり互いの魂を交換することだと考えていました。当時のローマ人にとって、キスは非常に重要なものだったのです。

皆さんもご存じのように、今でも結婚式では互いの真心を公に誓うために、親類やゲストの前でキスをしますが、これはローマ人が始めたことなのです。

もちろん、キスといってもさまざまなものがあり、結婚式でのキスはその一例にすぎません。共通しているのは、キスはすべからく肯定的な意味を持ち、上品な行為であり、またそうでなければならないということです。それは愛だけでなく、敬意や親しみの表現でもあるからです。子どもへのキスはデリカシーを、友だちへのキスは思いやりと敬意を、そして恋人へのキスは情熱と愛を表します。もっとも、子どもや友だち、親類へのキスは、唇にではなく頬にしますが……。

キスも「秘すれば花」

親しみや愛などを表現する行為としてのキスは、どんなときでも美しいものです。しかし、公共の場所での情熱的な激しいキスは、この限りではありません。それは非常に見苦しく、上品とはいえない行為です。

もっとも、挨拶の軽いキスなら問題はありませんし、かえってオシャレに見えるでしょう。けれども公衆の面前で、愛と情熱たっぷりの燃えるようなディープキスとなると、もう話は別です。それは、周囲の人々を不愉快な気持ちにさせることもあります。人々に迷惑をかけるのはマナー違反であるという原則から言えば、このような厚顔無恥なキスはマナーに欠けると言えるかもしれません。

情熱的なキスは、あなたがパートナーと二人きりのときにとっておき、思う存分に実行するべきです。公衆の面前でお披露目することのないほうが良いでしょう。

「でも、映画ではしょっちゅうやってるじゃない」と思う人もいるかもしれません。確かにその通りです。しかし、映画のなかの行為が、そのまま現実に当てはめられるとは限りません。映画の世界というのは、一般の生活ではあり得ないような特別の状況なのです。もっとも、非常にうまく撮られた映画は強いリアリティーがあるので、真に受けやすいのですが……。

キスというのは、秘密めいているからこそ美しいのです。まさに「秘すれば花」。そんなに簡単にどこでするというのでは、キス自体の魅力や美しさが損なわれてしまいます。キスをするときに大事なのは、場所や時間をわきまえること。つまりはタイミングです。ところ構わずにするなんていうのは、気品高きキスへの、侮辱以外の何ものでもありません。ローマ人に叱られてしまいますよ。

手の甲へのキス

補足として、女性の手の甲へするキスについてお話ししておくことにしましょう。手の甲にキスをする行為は16世紀に始まったと言われています。当時は、高貴な女性に対するだけのものでした。男性は女性に敬意を表すために、あえて頬にはキスをしなかったのです。頬にキスをすることは、なれなれしい行為と考えられており、手の甲へのキスは尊敬を表すと同時に、相手と適度な距離を取るためのマナーでもあったのです。

手にキスするのは、男性から女性にするものであり、女性が男性の手にキスすることはありません。また、同性同士の間では普通はしません。しかし、イスラム教の国々では、男性は大切な男性の手にキスをすることがあるようです。

こんな話があります。戦時下でイラクの兵士がアメリカ軍に捕らわれました。そのとき、多くのイラク兵が、降伏と相手への服従を表すために、なんとアメリカ兵の手にキスをしたのです。もちろん、そのとき、イラク兵はなんとか助けてもらおうと必死だったのでしょう。が、いったい、アメリカの兵士たちはどう思ったことでしょうか？　とても戸惑ったと思いますよ。

セックスは「分割」？

英語の「Sex《セックス》」は、ラテン語の「Secare《セカーレ》」に由来します。このセカーレという言葉は「分割」を意味します。

「え、どうして分割なの？　セックスってむしろ『結合』でしょ？」

なんて思う人もいるかもしれませんが、もっともです。セックスがどうして「結合」ではなく「分割」なのかには、少々変わったいきさつがあります。

「プラトニック・ラブ」のところでも登場した、古代ギリシャの大哲学者プラトンの著作に『競演《シュンポシオン》』というものがあります。この中に登場するギリシャ最大の喜劇詩人アリストファネスがする、次のような演説に起源があると言われます。

「人はもともと男女が一体であった。全体として球形で、手足はそれぞれ4本、顔はふたつ、局部は2つあった。強さや腕力はものすごく、その心も傲慢であった。そしてついには、神々に歯向かうことになった。そこで大神ゼウスは、この人間の力を弱めるため、ふたつに裂いてしまった。遠矢の神アポロンはゼウスに命じられ、ゼウスが切った人間の周りの皮膚を、四方から引き寄せて切り口をふさぎ、財布のひもを締めるように腹の中央で絞った。この口がへそになった。それから、ふたつに引き裂かれた人間は、かつて一体であった半身に憧れて、再び結合しようと、互いに求め合うようになった」

という理由で、「セックス」という言葉は「分割」の意味をもって誕生したのです。それにしても、このアリストファネスの発想は奇想天外で、非常に面白いですね。別にこんなことは知らなくても良いのかもしれませんが、ひょっとしたら良い口説き文句になるかもしれませんよ。

「僕らはその昔、ひとつだったのをふたつに断ち切られたんだ。だから、誰もが自分の半身を探していて、再びひとつになろうとしているんだ。だから、僕らが今一緒になろうとしているのも、自然なことなんだよ」なんて。

セックスに国境なし

セックスという言葉の由来は前述の通りですが、実際はセックスに言葉は関係ありません。セックスはすべての壁を簡単に乗り越えてしまうのです。

紀元前2500年、ポンペイ（現在のイタリア南部、ナポリの近く）に、売春婦の館がありました(現在は博物館になっています)。この館には、ヨーロッパの各地から、船に乗って大勢の人がやってきました。ポンペイに到着した男たちは、セックスをするために、一目散にこの館に駆けつけたといいます。

しかし、当時ポンペイで使われていたラテン語を、すべての男たちが話せるわけではありませんでした。そのため館では、「お客さま」の男たちに、どのコースのどんな体位でセックスをするのかを選んでもらうために、壁に性交のありとあらゆる体位の絵を描いて待ち受けていたそうです。そうした壁画のいくつかは、今でも現存しています。言葉が通じなくとも、自分の好きな絵を指させば、あとはもうお望み通り……言葉の障害などなかったのです。

ポンペイにあった館のいくつかは、現在でもとてもいい状態で保存されています。この博物館に入場できる年齢、つまり18歳以上ならば、かつて数えきれない男たちの欲望を「語った」壁画を見ることができますよ。

セックスには、人類誕生と同じく長い歴史があります。セックスをしなければ人間は生まれないですから。そして人類の歴史において、セックスのおかげで多くの良いことがあった一方で、また逆に、悪いこともありました。

古代には、女性やセックスのために起こった戦争もあったくらいです。ホメロスの『イリアス』

で知られるトロイア戦争は、ヘレネという美女をめぐる諍《いさか》いに端を発します。あるいは古代エジプトの女王クレオパトラは、セックスによってカエサルやアントニウスを操ったといわれます。良くも悪くも、セックスは生命の源です。多くの人はセックスをすることによって、働いたり、困難に立ち向かったり、何か大きなことを達成するための力をもらうのです。

セックスのマナー

セックスにも、尊重しなければならないマナーがあります。ただ欲望に身を任せれば良いというわけではないのです。

第一に、セックスは、お互いの気持ちがぴったり合ったときにだけに、美しいものとなります。無理やりセックスしたとしても、それはただの自己満足であって、それ以上の素晴らしいものにはならないでしょう。

また、男性が女性を口説く場合、セックスをするのが当然と思って最初からアプローチすることが多いかもしれません。しかし、女性のほうはたいてい、最初のうちはある程度緊張したり、恥ずかしがったりするものです。女性のほうに経験があまりない場合は特にそうでしょう。女性にまだ気持ちの準備ができていないときに、男性が焦ってはいけません。

セックスするタイミングも非常に大切です。あまりにも急ぎすぎれば「この人って体だけが目的なのかしら?」と思われるでしょう。逆にあまりに待ちすぎれば「いい加減に抱いてきなさいよ。こっちの気持ちが冷めちゃうわ」と愛想を尽かされることもあるでしょう。タイミングは非常に重要なのです。

「初めて」は一度しかない

何事にも、「初体験」は一度しかありません。一度知ってしまったら、記憶喪失にでもならない限り、時計の針を戻すことはできません。

セックスも同じです。初めてのセックスの相手がひどくて、それでセカンドバージンに向かってしまう人が、特に女性にときどき見受けられます。ですから、セックスは慎重に行ったほうがいいのです。

もし、初体験のときに、運悪くデリカシーのない男に当たったりすると、もう悲惨です。ものすごく痛かったり、おかしなプレーを要求されたり……それはほとんどレイプに近い状態でしょう。

こうした初体験をしてしまった人は、セックスのスタート地点でつまずいてしまったのです。本来であれば、セックスは美しく気持ち良いもののはずなのに、彼女には痛みとトラウマ（心的外傷）しか残らないのです。

一度経験してしまったものは、なかったことにはできません。ですから、初めてのときは、男性をよく選んでするべきです。こういうときに、男の顔ばかりを重視するいわゆる「面食い」の女性は失敗することが多いですから、十分に注意しなければなりません。

最初のセックスは、決して慌てず、時間をかけ、ゆっくりすることとです。完全にリラックスできれば、最初であっても、快感を得ることができるのです。男性も女性も、お互いに良い思い出を残すことができるでしょう。

初めて関係を持つとき、互いに初体験でなくとも、少なからず緊張するものです。そういう場合は、緊張を解きほぐすために適量のお酒を飲むのは効果的です。しかし、間違っても、どちらか、あるいは双方の意識をなくすまで飲みすぎてはいけません。

「セックスなんて、自分だけ良ければいい」と考える人もいるでしょう。しかし、そう考えるのでしたら、どうぞ一人で自分を慰めてください。

セックスは相手あってのこと。チームワークなのです。二人（より多いことも、ときにあるかもしれませんが……）のハーモニーが大切であり、そこにセックスの美しさがあるのです。これは間違いのないことです。

ここまでセックスについて書いてきましたが、一番むなしいセックスというのは、売り買いされるセックスです。これはあくまで私の意見です。

本当のセックスというのは、お互いの愛を確かめ、深めるためにするものです。お金で売り買いされるセックスは欲望を満たすためだけに行われるものです。

口説きのマナー

女性を口説くためには、心理学者のようになる必要があります。わかりやすくいえば、相手の女性のタイプを見抜く技術を身に付けなければならないのです。

もし、ショッピングが大好きな女性だったら要注意です。彼女はお金を使うことを何よりも愛しており、あなたが考えているような関係を持つことは望んでいないかもしれません。

残念ながら買い物に限度を知らない人もいます。そういう女性は、あなたの全財産を食い尽くしてしまう恐れがあります。このようなタイプの女性と付き合う場合は、彼女が本当の欲しいものはなんなのか……あなた自身か、あなたと過ごす時間か、それとも単にあなたのお金なのか、彼女の目当てをはっきりさせておくべきでしょう。でないと、あなたは財布代わりにいいように使われ、ポイ捨てされることになるかもしれません。

しかし、インテリジェンスにあふれる女性に惹かれた場合は、口説き方は変わってきます。あなたがどれだけ彼女の人生や仕事、勉強、趣味などに興味があるのか、示すのが良いでしょう。それから、彼女の人生に関わっていきたい、力になってあげたいと思っていることも表しましょう。そうすれば、知的な女性はきっとあなたに感謝し、好意を持つことでしょう。

このようなタイプの女性を理解するには、彼女に自分自身のことをいつも離してもらうようにするのがいいと思います。もちろん、彼女に質問したいこともたくさんあるでしょうが、彼女が話している間は、あなたは一生懸命聞き役になり、彼女の面白いところや引け目に感じているところを探す努力をしなくてはいけません。そのほうが彼女のことを理解しやすいし、彼女が何を望んでいるかがわかりやすいのです。

特に出会ってすぐのうちは、彼女の意見と違うことを言ったり、異を唱えたりしてはいけません。それがどんなに納得のいかない意見であっても、涼しい顔をし、彼女に共感するのが良いと思います。彼女の意見や考え方に対してあなた自身の考えを述べるのは、十分に親密な関係になってからにすることです。それまでは、とにかく楽観的でいて、そして常に彼女の味方でいることです。すると、彼女にとってあなたとの会話は心地よいものになるでしょうし、だんだんとあなたに惹かれてもいくでしょう。

気難しい女性

しかし、なかには、皮肉屋、気難し屋、きつい性格の女性もいます。

このような女性は、基本的に避けて通るのが無難というもの。しかし、運命というのは予期できないものですから、ときにこうした気難しい女性に惹かれてしまうこともあるでしょう。ですが、あなたが本気で彼女と付き合いたいと思っているなら、十分な覚悟が必要です。このタイプの女性を口説くのは、はっきりいって至難の業です。彼女たちに適した戦略を見つけるのは本当に難しいのです。

なぜなら、彼女たちはたいてい論理的ではなく、とても感情的で、しばしば感覚だけで物事を判断してしまうからです。論理や常識が通用しない相手を扱うのが難しいことは、改めて言うまでもありませんね。

また、「面食い」の女性にも気をつけてください。私論ですが、こういう女性はとても子どもじみていて、非常に感情的な方が多いと思います。

子どもというのは本質的に、色鮮やかなもの、ぱっと見できれいなもの、魅力的なものを選ぶ習性があります。これは、子どもの心や目はまだ本能的で、理性によって教化されていないからです。直感で判断してしまうから、見た目が美しいものばかりを選ぶのです。往々にして、視覚ばかりに頼ると、内面や中身、本当の価値までは認識できないのです。

面食いの女性はこの子どもと同じようなものです。

プロポーズの断り方

あなたがもし、誰かにプロポーズされる、あるいは正式に付き合ってほしいと告白されたとします。そのとき、あなたが第一に考えなければならないことは何でしょうか？

それは、相手を傷つけないように注意を払いつつ、対応するマナーです。そしてプロポーズを受けるにしても辞退するにしても、相手をよく観察することも大切です。すぐさま返事をすることは、賢い方法ではありません。一見してそれほど魅力的には見えない人でも、話をするうちに、いいところが見つかるかもしれません。

世間一般でいわれている「魅力的な人」という方がいますね。ルックスがよくて、面白くて、頭がよくて、経済力があって……しかし、そんな人が持っていないような、思ってもみなかった素敵なものを、その人は持っているかもしれません。だから、ひとまず話をしてみることです。性格、パーソナリティー、愛情表現、理解力、融通性、健康度、清潔度、マナーなどに、良い点を見つけてみてください。

「愛においてこれこそが基本」と一般的に思われているふたつのもの、つまり容姿と年齢は、実はさほど重要なものではないのです。いわば愛の付録みたいなもので、本編がしっかりしていればなくとも我慢できるものなのです。逆に、本編をしっかり読み込む理解力のない人ほど、こうした浅薄な付録に引っかかるのです。

もしも、相手の良い点がいくつか見つかったのなら、相手にもあなた自身にもチャンスを与えるべきです。つまり、試しに少しお付き合いしてみるのです。その上で、「どうしてもこの人とは合わない」と感じたら、丁寧に断れば良いのです。

その場合も、礼儀正しい断り方を心がけるべきです。「私自身に問題があって、どうしてもあなたとは合わないので」や「心の準備ができていなくて」、あるいは「今はやっぱり一人でいたいのです」でもいいでしょう。

絶対に避けたい言葉は「あなたのこういうところが好きになれないから」という言い方です。あまつさえ、相手の気に入らない点をひとつひとつ挙げ連ねるなんて、考えただけでも恐ろしい……傷つけられた相手は逆上し、場合によってはあなたを傷つけるかもしれません。人間には、合う人、合わない人、それぞれ相性があるのですよ。たとえ合わなくても、どちらかが悪いということではないのです。

もうひとつ。もし、あなたにプロポーズしてきたけれど、残念ながら思い合うことのできなかった人に優しくしたいと思うのならば、友人を紹介してあげましょう。もしかしたら、あなたが「恋のキューピッド」になるかもしれません。

興味のないときは率直に

プロポーズしてきた相手にあなたが少しも興味を感じない場合、相手に期待を持たせるようなことをするのはご法度です。あなたのために、相手の時間やお金を無駄に費やさせるようなことをさせないのが良いマナーです。

興味のまったくわかない相手には、正直に言いましょう。例えば、「あなたはとてもいい人ですが、私にはほかに好きな人がいるんです」など。誠意と優しさ、友情をもって断れば、相手が傷つくことはないでしょう。

最も悪質なタイプは、興味や愛情などこれっぽっちも感じていないくせに、まるでそれらがあるような思わせぶりな態度を取って、相手に望みを持たせるタイプ……つまり、はっきりしない人です。こういう人間は、ただ他人を利用したいだけなのです。彼らはトラブルメーカー以外のなにものでもなく、マナーも温かいハートもありません。

断るときには、正直にきちんと断るべきなのです。わかりやすく、親しみを込めて、相手を傷つけない理由をしっかりと伝えるのがマナーです。

プロポーズや愛の告白を断るときには、お世辞やリップサービスは無用の長物なのです。本人は気を遣っているつもりなのかもしれませんが、逆に良いマナーではありません。

女性の魅力とは

女性にとって最も大切なことは、女性であることに誇りを持つことだと思います。あえて男性のような振る舞いをしても、それは美しいこととは言えません。むしろしてはいけないことだと思います。

女性は美しい。男性がそう思うのは、女性が男性と異なるからであり、男性が持ち合わせていない魅力や美点、あるいは欠点を持っているからです。女性には女性しか持ち得ない魅力があるのです。

魅力的な女性になって男性にモテたいのならば、まず、清潔な身なりをすることだと思います。ゴテゴテのメーキャップは控えたほうが良いと思います。自分のチャームポイントを探し（誰にでも必ずひとつはあるものです）、それがわかったら、そのチャームポイントを強化するのです。

また、洋服は派手なものや、やたら目立つものはおすすめできません。クジャクの羽は美しいものですが、もし人間の女性がそんな奇抜な服装をしても、男性は惹きつけられるよりもむしろ逃走していくでしょう。

それから、洋服にやたらめったらとお金をつぎ込むことも疑問です。魅力的な女性になるのに、必ずしも高価な服は必要ありません。たいていの男性は、洋服ではなく、洋服の中身に関心があるのです。服装は清潔感があって、相手に不快な印象さえ与えなければ、それで良いのです。

洋服に気を遣うよりも、人に好感を持ってもらえるように努力するほうが良いと思います。特に意中の男性に対しては。もし、あなたが疑り深い性格や、悲観的に考えやすい人だったら、その性格はできるだけ早く改善することをおすすめします。もっとオープンに、積極的になったほうが良いでしょう。そしてもちろん、スマイルを忘れずに。

なんだか心地よい

お目当ての男性に会うとき、もしくは彼に自分のほうを振り向いてもらいときは、決して恥ずかしがることはありません。どんどん話しかけていきましょう。「映画はよく見るの？」「スポーツはする？」「彼女はいるの？」なんでも良いので、とにかく積極的に。

ただし、警察官ではないのですから、彼を尋問するような口調は禁物です。彼の悪行を暴くことではなく、彼と親しくなるのが目的なのですから、タイミングよく、あまりしつこくなりすぎないように気をつけましょう。

それから、たとえ彼が尋ねてこなかったとしても、自分の連絡先を必ず渡しましょう。もしも彼があなたのことを気に入ったら、彼も連絡先を教えてくれるでしょうから。

彼に「この娘と話していると、なんだか心地いいなあ」と思わせることができたら大成功です。これが一番大切なことなのです。

また、彼の趣味を探り、彼の趣味に興味があるという気持ちを示しましょう。

「へえ、スイミングが趣味なんですね。いいなあ、実は私、まるっきり泳げないの」

「じゃあ、僕が今度泳ぎを教えてあげましょう！」

なんてことから始まる恋もたくさんあるのです。

とにかく、何でも良いので、できる限りの努力をすることです。常に良いマナーをもって、親切に相手には接しましょう。

今述べたようなシンプルなルールに従っても、もしかしたら彼は、すぐにはあなたに興味を持ってくれないかもしれません。でも遅かれ早かれ、彼はあなたのことを考え、チャンスがあればあなたに電話して、デートに誘おうと考えることになるのです。今言ったようなマナーを守っている女性が、魅力的でないはずは決してないのですから！

デートに誘われたら

では、今度は彼がデートに誘ってきてからのことを。ここで気を抜いてはいけません。むしろここからが本番なのですから。

初めてのデートでは、少しだけセクシーな服を着ていきましょう。しかし、あまりに際どい服装はNGです。過ぎたるはなお及ばざるがごとし。せっかくのチャンスをふいにしないように。そして、もちろん、下着もセクシーなものを着けていきましょう。その日何が起こるのかは、決してわからないのですから……。

歯を磨き、体のにおいをチェックしたら、足元を確認してください。厚底の靴や、高すぎるヒールを履いていくことのないようにしてください。背が低いことなど、何の問題でもありません。むしろそうやって「背伸び」をすることで、逆にコンプレックスをあらわにしてしまうものです。

ここまでいろいろお話ししてきましたが、最後におさらいを。ポイントは次の4つです。

「良いマナー」「良い服装」「清潔感」「気の利いた楽しいトーク」。

どうぞ、しっかり頭に入れてください。

同棲、独身は個人の自由

男女が結婚をしないで同棲を続けたり、独身のままでいたりするのは、個人の自由です。世の中の多くの人は、結婚せずに同棲している男女のことを、ちゃんとしていないとか、好ましくないと見ているようですが、それはただの偏見にすぎません。そんな意見は気にしなくても良いのです。実際、結婚をしないまま一緒に住み、独身を貫くというスタイルは、目新しいものではありません。ずっと昔から存在することで、イタリアではこう言われています。

「誰かが同棲をしたり、独身でいると決めたことに対して、否定的な意見を言ったり、彼らを批判することは、礼儀正しいこととはいえない」

実際のところ、そうした人々を避難する人は、彼らの生活に興味があるのです。ですので、もしもあなたが既婚者で、同棲や独身でいることに興味があるのなら、素直に彼らに尋ねてみたらいいのです。「一人でいて寂しくはありませんか？」「結婚しないまま一緒に住んでいて、何か不都合はありませんか？」などというように。

こういう質問をしてくる既婚者には、だいたいふたつのタイプがいます。

ひとつ目は「正直者タイプ」です。彼らのほとんどは、こんなことを言います。

「あなたは独身で（もしくは同棲していて）本当にうらやましい。できれば、私もそうしたかったと思いますよ。私は自分の間違いに気づくのが遅すぎました。私には家族がいて、妻や子どもたちを見捨てるわけにはいきません。そのため、今に至るまで長いこと、ずるずると結婚生活を送ってきたのです。ですから、あなたのように独身でいる（同棲をする）というポリシーに同感です」

もうひとつのタイプは「偽善者タイプ」です。この手の人たちというのは、だいたい自分の家族に不満を持っているのですが、にもかかわらずこんなことを言うのです。

「君はどうしてさっさと結婚しないんだ？　一人でいるのは良くないことだよ。もし君の身に何かあっても、誰も助けてくれないじゃないか。それに今は若いからいいけど、年を取ったら独身者は、それはみじめなものだよ。人間は子孫を残すために生まれてくるのだ。でなかったら、生まれてきた意味も生きる意味も、働く意義もあったものじゃないだろう」

これは完全に余計なお世話です！　どうしようもない人間というのはまさにこのこと、いったい何を勘違いしているのでしょうか。アドバイスのつもりかもしれませんが、マナーもデリカシーもあったものではありません。

この手の人たちというのは結局のところ、結婚生活がうまくいっていない自分を、他人も同じような不幸の泥沼に陥れることで、少しでも慰めようと思っているだけなのです。まったくタチの悪い人です。

彼らは、同棲や独身者の自由がうらやましいのです。こういう人たちには、こう聞き返すのが1番です。

「あなたは今の結婚生活に満足しているのですか？」

「はい」と答えた人には、

「ああ、よかったですね。でもあなたと同様に、私も今の独身生活に満足していますから、どうぞお気遣いなく！」

と明るく返しましょう。あるいは「正直にいえば、いいことも悪いこともあるよ」と答えた人には、

「私はあなたとは違って、悪いことは避けて、いいことだけをとって、人生を楽しむようにしているのですよ！」

と、これも明るく返しましょう。

とにかく、人に結婚を急《せ》かすことや、結婚していない人を劣っていると考えるのは、とても良くないことで、マナーを欠いています。独身でいること、結婚せずに同棲していることで、本人たちが幸せなのだったら、それで良いではありませんか。他人がとやかく言うことではありません。それこそプライバシーの侵害だし、それは明らかに、自由でいることに嫉妬している証拠なのです。

結婚を急がす親の無責任

私の知人にかつて、当時23歳の若くてかわいらしい、仕事も成功している日本人女性がいました。

彼女は自由と幸せの象徴のような女性でした。

彼女はまだ独身だったのですが、田舎にいる両親はそのことをやたらと気にかけ、会うたびに「早く結婚しなさい！　できるだけ早く！」と急かしたと言います。両親に悪気はなかったのでしょう。早く娘に結婚してもらって、孫の顔が見たいと願っていたのでしょう。結婚することが娘の幸せだと、両親は信じていたのです。

ですが、当の彼女にはそんな気は、まったくありませんでした。結婚なんてしたくないし、独身の今の生活に満足していて、それを変える気などありません。これは両親としては面白くありません。そこで、休日に実家に彼女が帰ってきたとき、怒鳴りつけてこう言ったのです。

「すぐに結婚しないと言うのなら、もうお前はうちの子ではない！　帰ってきても、家には入れてやらない！」

その結果、かわいそうな彼女はとうとうプレッシャーに負け、結婚することにしたのです。彼女は、小さな会社の若社長をパートナーに選びました。両親は大喜びし、もちろん結婚することを承諾しました。

彼女はヨーロッパにハネムーンへ行き、そのときに男の赤ちゃんを妊娠しました。彼女はその後、1年半の間、夫と暮らしましたが、子どものことをはじめ、いろいろな問題が重なり、二人の心は離れていきました。

彼女は自分の愛情のすべてを赤ちゃんに捧げ、夫のことに構わなくなっていきました。すると、夫は新しい女性を見つけ、毎月15万円の養育費を支払うということで彼女と離婚したのです。

しかし、毎月たったの15万円で、子どもを抱えて生活していくのは容易なことではありません。そこで彼女は、結婚をあれだけ急かした両親に助けを求めました。しかし、両親の態度は冷たいもので、孫の責任までは負えないと言われ、門前払いされたのです。仕方なく、彼女は下町のバーに職を求め、そこで深夜1時まで身を粉にして働きました。子どもと自分の生活のために……。

結婚前の彼女は、とても幸せで、そして自由でした。しかし、両親の無理なすすめのせいで、彼女は自分の人生を壊してしまったのです。

もちろん、これは極端なケースではあると思います。しかし、無理に結婚をしたがために不幸になったという話は、世の中には数えきれないくらいあるのです。

世間体が悪いからという浅はか極まりない理由だけで、無理に結婚を急かすこと、その気もない人に無理やり結婚するよう迫ることは、まったく良いことではありません。そうしたがために、その人の人生がおかしくなるということが現実にあるのです。

子どもは持つべきか？

知人のカップルの話ですが、彼らは15年にわたり同棲をしていました。彼らは、周囲の人間に「もう15年も付き合っているのだから、いい加減結婚したら」と言われ、とうとう結婚しました。しかしそのわずか1年後、二人は別れてしまったのです。

もしそのとき結婚さえしていなければ、二人の仲は続いていたかもしれません。このように、同棲しているときはうまくいったのに、いざ結婚したらうまくいかなくなるということもあるのです。

以前であれば、社会的立場の弱い女性を法律で守るという意味合いが結婚にはあったのでしょうが、現在では女性の立場も変わってきています。結婚という制度に縛られなくてもいい時代なのです。ずっと同棲のままで、死ぬまで結婚しない生き方だってあるのです。それに、結婚さえしなければ、離婚をすることもありませんし……。

現在のイタリアでは、親が子どもに結婚を急かすことはまずありません。それが良くないことだと知っているのです。無理な結婚をして不幸になるくらいだったら、独身でいたり、同棲を続けたりして、幸せで自由な生活を送ったほうが良いのです。

また、これと関連しますが、子どもを持つというのは非常に重大なことです。周囲の無関係な人間が「早く子どもをつくりなさい」「子どもはかわいいものなのに、なんでつくらないの？」などと言って圧力をかけてくることがありますが、ちょっと待ってください。子どもをつくらないことで、誰かに迷惑でもかけていますか？　かけていないのだったら、他人は口をつぐむべきでしょう。

このようにプレッシャーをかけるような発言は、してはならないことです。結婚も子どもをつくることも、本来は自然に任せるべきことです。自然に任せるべきことを、他人がどうこう言うのはお門違いもいいところです。親友であろうと、肉親であろうと、そんな無責任なことを言う権利は誰にもありません。

一番良いのは、自然な状態でそうなることなのです。当時の皇太子妃、雅子さまにお世継ぎができなかったとき、マスメディアが過剰に騒ぎ、コメンテーターや「識者」と称する人々が、わけ知り顔にあれこれとワイドショーで語っていたことがありましたが、まったく無礼なことだと思います。無関係な人間が騒いだところで子どもができるわけではないし、そもそもそれは夫婦の問題です。もっと他人の考え方を尊重して、あらゆる偶然と奇跡を生み出す自然にも敬意を払うべきだと思います。

かのナポレオン・ボナパルト（彼はフランス人ですが、ルーツはイタリアにあります）は、こんな含蓄ある言葉を残しています。

「すべて不自然なものは不完全である」

不自然なこと、無理なことから幸せが生まれることはないのですよ。

イタリアはなぜ離婚が少ないか?

婚約は、結婚へのファーストステップです。婚約すること自体は簡単ですが、その前によく考えることが必要です。お互いのことをよく知ってからすべきであって、決して「思いつき」や「焦り」などという理由でするものではありません。さもないと、後になってきっと「こんなはずじゃなかった……」と悔やむことになるでしょう。

アメリカでは、出会ってから1週間そこらで結婚するカップルがいます。でも、そうしたカップルが30秒に1組のペースで離婚しているのが、アメリカの実態です。その一方、イタリアでは離婚はほとんどありません。その代わり、たいていのカップルの婚約期間はかなり長いものです。なかには15年から20年の婚約期間を経て結婚するカップルもいます。

こうした背景には、イタリアがカトリックの国であるということに関係しています。カトリックの教義では、離婚が禁止されているからです。ですから、「この人と結婚しても後悔はしない」と、確実に思えるようになってからでないと結婚しないのです。長い婚約期間があれば、じっくりとお互いのことを知ることができ、離婚の可能性がはるかに少なくなるのは当然の結果です。

また、セックスは結婚する前にしておいたほうがいいでしょう。なぜなら、例の「プラトニック・ラブ」のつもりで性的関係を持たなかったばかりに、結婚してからトラブルになることもあるからです。

結婚前にお試しを

これは知人の女性の話です。彼女はお見合いで、とある男性と知り合い、お互い良い感じになりました。二人とも若くはなく、特に男性のほうがかなりの年齢で結婚を焦っていたこともあり、すぐに結婚をすることになりました。

二人の結婚式は、東京の一流ホテルで盛大豪華に行われました。披露宴は大成功のうちに終了し、二人はハネムーンでイタリアのヴェネツィアへ……なんとロマンティックなことだったでしょう。

そして迎えた初夜、夫は妻に言いました。

「結婚式とヨーロッパまでの長旅で、もうへとへとだよ。だから今日はできそうにないんだ。ごめんね」

まあ、これだけならまだいいでしょう。しかし、次の日も同じ言葉でセックスを断られ、またその次の日も。結局、二人は性的関係を持つことのないまま、帰国の途へ就いたのです。

「何がかおかしい」と、彼女は思い、彼の言動に不審を感じ、また悲しく思いました。そしてもう間もなく成田空港に到着するという飛行機の機内で、思い切ってこう尋ねたのです。

「あなた、できるの？」

彼の返答は、彼女の恐れていたものでした。実は彼はインポテンス（性的不能）であり、月に1度か2度しか性的に機能できず、できたとしても、ごくわずかな時間しかもたなかったのです。この重大な事実を、彼女はハネムーンの帰り道で知ったのです。

そして悲しいことに、成田空港に到着後、すぐさま離婚しました。彼女はこの状況をどうしても受け入れることができなかったのです。たとえ彼がどんなに優しくて素晴らしい人間であろうと、彼が「病気を持っていない男とならば、君はセックスしても構わないから」とまで言っても……。

おそらく、二人が結婚前に性的関係を持とうとしていたら、こんなことにはならなかったでしょう。そのほんのワンステップを怠ったことで、二人は結婚に費やしたたくさんのお金をドブに捨てることになってしまったのです。

ですので、皆さん、結婚前に、やるべきことはきちんとやっておくことです。

私は常々、「結婚はお互いのことをよく知ってからのほうが良い。せめて1週間か10日くらいは一緒に住んで、互いをテストしてみたらどうでしょうか」と提案することにしています。

経験豊富な男ほど妻に忠実

現代では、女性の純潔、つまり「処女」はもはや以前のように重要なものと見なされなくなっています。むしろ逆に、いろいろな経験をしていたほうがいいと考えられる傾向になってきているのではないでしょうか。

ある程度の経験を持っていれば、自分の夫にしようとしている男性と自分が、相性がいいのかどうか、判断の材料になりますし、彼とのセックスが満足のいくものかどうかもわかるものです。

女性経験の少ない、あるいはまったくない男性は、少なくとも結婚相手としては、推奨はできないでしょう。

なぜなら、こういう男性はあなたとの愛に目覚めた後、あなたを放り出して、ほかの女性がいる新たな世界に繰り出していくことも多いのです。そうなったら最後、彼は二度とあなたのもとへ戻ってくることはないでしょう。

逆に安全なのは、酸いも甘いもかみ分けた経験豊富な男性です。セックスが大好きな男性は、確かに浮気をする可能性は高いかもしれませんが、そういう男性ほど妻には忠実なのです。あくまでも私見ですが。

なぜなら、こうした男性はすでにたくさんの女性を経験済みであり、良い女性、良いセックスとは何かをわかっているからです。その経験をもってあなたと結婚したのですから、よそへ行くなんてことはしないのです。女に溺れるなどということは、とっくの昔に卒業しているからです。ひょっとしたら、浮気だってすでにお試し済みかもしれません。

不倫はなくならない？

出来心での軽い浮気や不倫というものは、残念ながら、世界中どこにでもよくあることです。珍しいものでもなんでもなく、これらの罪は私たち人間の本能や習性に刷り込まれていることなのですよ。「不倫は文化」であるかどうかは知りませんが、この世に複数の男女がいる限り、この問題がなくなることはないでしょう。

人間はロボットではありませんし、結婚したからといって、都合よくパートナー以外の人に性的興奮を覚えないようになるわけでもありません。どうしても、好みの人の魅力には、惹きつけられる弱さを持っているのです。こうした誘惑に打ち勝てる特効薬はありません。

そして、その傾向は女性よりも男性のほうが強いようです。人間も含めた動物のほとんどで、一夫一妻の絆が長年にわたって保たれるということはありません。例外と言えば、オオカミくらいのものではないでしょうか。彼らは一雄一雌で、この配偶関係は終生変わらないことが多いのです。

浮気と一口にいっても、いろいろな種類があります。一、二度のセックスで終わるものもあれば、何年にもわたり続くものまで、実にさまざまです。

お酒を飲みすぎて自制心と貞操観念がなくなり、勢いで浮気をするなんてこともよくあります。アルコールで記憶が飛んで、翌朝起きてみたら、ベッドの隣に全然知らない人が寝ていた。そこで初めて自分のしたことに気づき、「あーあ、やっちゃったよ」と悔やむなんてことは男性でも女性でもよく聞く話です。また、お互い酔っているときにしたセックスがとても良くて、その快感が忘れられず、たびたび泥酔セックスに及ぶ……という場合もあります。

目に見えないものでは苦しまない

不倫が問題となるのは、関係がばれたとき、離婚や別居、激しい口論など、悪い状況をもたらすことが多いからです。しかし、どうしてそういう状況になるのでしょうか？

もしも、ほんの出来心からの、ちょっとした浮気であるならば、それほどの問題にはならないでしょう。単につかの間の快感を得るためだけのあくまで肉体的な浮気であり、精神的なものではまったくないからです。ただ誘惑に負けてしまっただけで、せいぜい1回か2回で関係は終わり、後に続くことはないのです。

イタリアにはこんなことわざがあります。

「目に見えないものでは、心は苦しまない」

まさに日本でいうところの「知らぬが仏」。知ってしまうと腹が立ち、苦悩や面倒が起こりますが、知らなければ腹も立たず、聖人や仏のように穏やかでいられるのです。

しかし、アメリカの女性の場合は事情が異なります。ちょっと誘惑に負けてとか、酔った勢いで一度か二度、夫が不倫をしただけで大騒ぎ。

「もうあなたの顔なんか見たくないわ！　すぐに弁護士にところに行ってきます！」

などと、ヒステリックに騒ぎ立てることがありますね。そして夫を許そうとは絶対にしません。揚げ句の果てに、突きつけられる離婚届。

私たちは所詮、人間です。誰でも一度や二度、魔が差すことくらいあるでしょう。もしも妻が本当に夫を愛しているのなら、ちょっとの不倫くらい許すのが当然ではないでしょうか。少なくともイタリアであれば、それで一件落着です。もちろん、夫が自分の行いを悔やむよう、多少のお説教を見舞う必要はあるでしょうが……。私見では、不倫は許すが勝ちだと思います。

無償の愛とは？

夫や妻のどちらかが、相手に内緒で、長年にわたってずっと不倫を続けていて、それが明るみに出たとします。つい最近も、ちょうどこのような芸能人の夫婦のケースがありましたね。

この場合、お互いにこの状況を受け入れて、どちらからも離婚や別居を言い出さないというケースがあります。実はこれこそが、本当に相手を愛している証拠であるのではないでしょうか。異論はあると思いますが、私はそう思うのです。

ある友人のことが思い浮かびます。彼は奥さんを心の底から愛していたのですが、実はその奥さんには、ずっと続いている不倫の男性がいたのです。彼はそのことを知っていました。もちろん良い気持ちではないはずですが、彼は何も言いませんでした。そこで私は尋ねました。

「どうして離婚しないの？　あるいは別居することだってできるだろう？」

すると、彼はこう答えたのです。

「私は妻のことを本当に愛しているんだ。だから離婚などして、彼女との関係が一切なくなるくらいだったら、今の曖昧な状況のほうがましだ。私は、彼女をどうしても失いたくないんだよ」

もちろん、私も最初聞いたときには驚きました。しかしやがて、彼は本当に奥さんのことを愛しているのだな、と感心するようになったのです。まさにこれが「無償の愛」と呼ばれるものなのでしょう。何の保証も条件もない、愛だけで成立する愛……愛と呼ばれるもののなかで、おそらく一番尊いものでしょう。

しかし、なかには、「なんだ、そんなばかみたいな考え方は」という人もいるでしょう。でも、よく考えてみてください。何もないより、いくらかでもあったほうが良いでしょう？

結婚は愛の墓場？

不倫が暴力事件や殺人事件など、本当の悲劇を呼ぶことがあります。ですから、あなたとパートナーが不倫や浮気に見舞われた場合、まずはよく話し合って、その原因を明らかにすることが重要でしょう。例えば、夫婦間にコミュニケーションやスキンシップがほとんどなく、家庭内別居やセックスレスの状態が続いている、一緒にどこかに出かけたことなど遠い昔、などという場合。つまり、夫婦間にすでに愛情が存在しておらず、それが不倫の引き金になっていることがあるのです。新婚のときは本当にベタベタしていたのに、長い結婚生活の果てに、愛の残骸しか残っていないことはよくあります。

「結婚は愛の墓場である」

イタリアのことわざはそう言っています。

愛はうつろうのです。これは仕方がないことなのです、悲しいことに……。

もしもパートナーが浮気をしても、あなたが寛容で、理解があって、相手を許すことができれば、浮気をした当人はあなたの態度を見て「なんでこんなばかなことをしてしまったのだろう」と、自分の罪を深く反省するものなのです。

そうなったら最後、パートナーはあなたに対して死ぬまで頭が上がらなくなることでしょう。やはり、許した人が勝ちだということなのです。

離婚のマナー

離婚や離別は悲しく残念なことで、その決着をめぐって当事者同士が骨肉の争いをすることもあります。そうした事態を避けるためには、やはりマナーが重要なのです。

もしもカップルの間に弁護士がいない場合は、お互いに適切な妥協点を見つけることが重要です。恋人同士としてはもうやっていけなくとも、少なくとも友人として良い関係を続けることは可能なのですから、そこに至るために双方が歩み寄るべきだと思います。

もしも、すぐに妥協点が見つからない場合は、一度距離を置き、離れてゆっくりとお互いを理解するようにすべきでしょう。そうすることで、両方が冷静になり、戦い傷つけ合うのではなく、少なくとも友人として握手をして別れることができるはずです。そうなれば、お互いに気持ちよく新たなパートナーを見つけることができるでしょう。

イタリアの古いことわざに「王が死んでも、いつでも別の新たな王を見つけることができる」というものがあります。新たな王があなたを待っているのですから、古い王に必要以上に関わるのは骨折り損なのです。

第5章

エレガンスについて

レストランの語源

レストランとは、語源的にいえば「気力や体力を回復させる場所」を意味します。現代ではもっぱらレストランといえば「食事をするところ」というイメージでしょうが、もともとはこのような意味だったのです。古代ローマ時代には、休憩したり、リラックスしたり、読書をしたり、音楽鑑賞をしたりする場でもありました。古代ローマ時代のレストランには、マッサージルームを備えているところさえあったというのですから驚きです。今ではにわかに想像できません。

今日でも、レストランはくつろげる場所であるのは変わりありません。自分の一番好きな料理を食べて、ゆっくりとくつろぎ、気持ちよくなる場所のことです。レストランでは、少しくらいわがままを言っても（もちろん限度はありますが）、食いしん坊をしてもおかしくないのです。

ワインは食事のアクセサリー

レストランにはウェイターがいますが、彼らの多くは我慢強い人たちです。なぜなら、レストランにやってくる客は、それこそ千差万別だからです。上機嫌な人もいれば不機嫌な人もおり、親切な人もいれば不作法な人もいて、横柄な人、内気な人もいるでしょう。そんな多種多様な人と、毎日関わらなければならないのですから、ちょっとのことで腹を立て、動揺していては務まりませんね。

ウェイターの仕事というのは、世間で思われているほど簡単なものではありません。ただ料理をテーブルに運べば良いというものではないのです。一人一人、それぞれ異なる客の感情を読み取り、その人ごとに合わせられなくてはならないのです。

また、ときには客の質問に答え、食事やワインなどをすすめることもしなくてはならないでしょう。店で出している料理について、よく知っておくことも必要なのです。

ですが、ときたま、店の料理についてほとんどなにも知らないウェイターに遭遇することがあります。

「この料理には、バターやクリームは使われていますか?」

などと尋ねても、シェフや上司に聞いてこないとわからない。

「おすすめのワインはどれですか?」

と尋ねても、単純に高価なワインをすすめるだけの人もいます。これはとても良くないことだと思います。まずウェイターは、その店の看板でリーズナブルな価格のハウスワインをすすめて、その後に「こちらのワインもいかがですか？」と、ほかの高級ワインをすすめるべきだと思います。

そしてこれが非常に重要なのですが、そのときに必ず、ウェイターは客に値段をきちんと示すべきでしょう。値段も見ずに「お任せで、お願いします」などとうっかり言おうものなら、1本2万円もするワインを平然と出してくるウェイターもいるのです。ですので、ウェイターは値段をちゃんと見せるべきですし、客も値段をしっかり自分の目で確認すべきでしょう。

こうした注意を怠ると、いざお会計のとき、ワインが料理よりもはるかに高く、その信じられないような値段に目の玉が飛び出すような思いをすることになるでしょう。ワインが食事よりも高価だなんて、まったくどうかしています。

ワインはあくまで食事のアクセサリーであって、食事より安いのが普通です。まあ、特別なヴィンテージワインだというのなら話は別ですが……何を飲むかを決めるのはあなたであって、決してウェイター任せにしてはいけないのです。

ウェイターのマナー

ウェイターに求められる最も大切なマナーは、いうまでもなく、客に満足してもらうことであり、心のこもった笑顔で客を温かく迎えることです。

しかし、ときには、席が空いているにもかかわらず、わざと客を立たせたまま待たせているお店もあります。そんなとき、客は「ああ、この店に入って失敗だった」と心の中で思っています。これは本当にひどい対応で、こんなことをしていれば、客は黙って去っていくだけです。

ウェイターは、店のどこかに空席があれば、何よりも先にまず、客を座らせなければなりません。席がいくつか空いているのなら、客に「こちらのお席でよろしいでしょうか？」ときちんと尋ねることです。

例えば、窓際と中央の席が空いているのだったら、どちらの席が良いかと尋ねてから案内すべきです。とにかく、何もせず客を突っ立ったままにしておくのは、非常な失礼に当たります。

客を1秒でも早く席に案内し、さっとメニューを差し出す。そうすると、客は「この店はいい感じだ」と思うでしょう。メニューを差し出してから、そばでずっと注文が決まるのを待つのは良くないですね。いつまでもウェイターにそばにいられたのでは、客は何を食べようかじっくり考えられないでしょう。

さて、メニューが決まったら、ウェイターを呼びましょう。ここで客が気を遣わなくてはならないことは、ウェイターの呼び方です。犬を呼ぶみたいに口笛を吹いたり、映画の登場人物みたいに親指と中指をパチンと鳴らして呼んだり……まあ現実にそんなことをやる人はめったにいないでしょうけれど、これに類するジェスチャーで呼ぶのは絶対にやめましょう。そんなことをしたら、ウェイターは嫌な客だと思うでしょうし、レストランのなかには怒る人もいるでしょう。ここは「シンプル・イズ・ベスト」でいきましょう。お決まりの言葉「すみません」で良いのですよ。下手にカッコをつけようとすれば、かえって見苦しいことになるし、物笑いの種になるでしょう。それと同じで、大声で呼ぶことは良いことではありません。

新鮮なワインがおすすめ

ヨーロッパ人にとってお酒の代表格はワインで、とても身近な飲みものです。日本では、ワインは古ければ価値があると思われている人も多く、ワインについて誤解も多いので、ここではワインについて豆知識を書かせていただきます。

紀元前8000年ころから飲まれていたとも言われるワインは、世界最古のアルコール飲料のひとつです。有史以前にも蜂蜜酒などが飲まれていたそうですが、古代文明とともに生まれたのがワインだと思っています。実は、ワインのルーツはあまり明確ではありません。ワインの飲酒がメソポタミアで始まったのか、それともコーカサス、地中海沿岸で始まったのかも詳しくはわかりません。

紀元前1500年ころに、メソポタミアやエジプトからギリシャに伝わったと考えられています。その後、ローマ人によりヨーロッパ全土にワイン造りが広がりました。現在のフランスは世界でも有数なワイン生産地ですが、ローマ帝国のジュリアス・シーザーが率いるローマ軍の侵攻が、フランス各地にワインを普及させたことは有名な話です。

このようにワイン歴史は非常に長いのですが、覚えておくべきワインの基本的な知識はかなり簡単です。第一は、ワインのタイプを知ることです。おおまかに分けると、スウィート、ミディアム、ドライの3つ。私の個人的なおすすめは、低カロリーで糖分が少ないといわれるドライタイプのワインです。

第二は、アルコール度数を知ることです。通常のワイン（赤、白、ロゼ）は9〜15%、スパークリングは11〜12%、ポートワインやシェリーは15〜22%と言われていますが、私にとって最高のアルコール度数は10〜12・5%のワインです。

第三は、ヴィンテージを知ることです。これはワインが造られた時期を意味します。白ワインの場合は製造から最大3年以内、赤ワインの場合は最大5年以内に飲まれることをおすすめします。

化学的には、ワインは酸性のお酒です。しかし、原料がブドウなのでカリウムなどのミネラルを多く含み、体内ではアルカリ性食品として働きます。ワインを飲むことで、果物を食べるのと同じように、ミネラル分を摂取することができるメリットがあります。さらにワインには酵素、ビタミン、ポリフェノールなどが含まれており、カロリーもあります。ワインは飲みものであると同時に一種の食べものと言ってもよいでしょう。

健康のための個人的なアドバイスは、常に新鮮で若いワインを飲むことです。ブドウの果物から造られたワインは、新鮮でないと人間にとって有毒だと言われています。アルコール度数が13％を超えるワインは、もはやワインではなくリキュールです。健康を考えれば、アルコール飲料は、適度に飲む必要があります。高すぎるアルコール度数の飲料は、肝臓と脳に非常に悪いです。

日本では、すごく古いヴィンテージで、高額な高級ワインでなければ良くないと誤解されることも多いのですが、健康を考えれば新鮮なヴィンテージのワインが良いと思います。

最後に、空腹ではワインを飲まないでください。飲む前に、パン、チーズ、ジャガイモ、ハムなどのつまみを、何かを食べることをおすすめします。小片でもいいので何かを口にしてから飲みましょう。食事と一緒にワインをお楽しみください！

レストランでも臨機応変に

客が自分の好き嫌いや健康管理などのために、特別な食べもの、メニューを注文するときがあると思います。そんなとき、すぐに「申し訳ありませんが、当店ではできかねます」などとすぐに言わないように。ここでも以前に言った「融通」を利かせ、臨機応変に接することが重要です。ですから、そういう場合はひとまず「少々お待ちください」と断り、急いでマネジャーかシェフのところに相談に行くべきでしょう。

世の中には、健康上の理由で、普通にレストランで出されているようなメニューを飲食できない人もいるのです。そして、そうした客のリクエストに応える、もしくは完全に応えるのは無理でも、それに近づけるように常識の範囲内で努力をすることも、レストラン側の立派なマナーのひとつだと思います。

それでもどうしても無理ならば仕方ありません。その場合、客に丁寧に説明しましょう。「お客さま、大変申し訳ありません。お客さまのご注文は、こうこう、こういう理由でできません」と。誠実に説明すれば、客は「わかりました」と納得し、おまけに「このレストラン、対応が親切だな」と好感を持ってもらえることでしょう。努力をせず、開口一番「時間がありませんので」「当店ではそのような食べものは」などと断ってしまったら、客は納得できないし、店に悪い印象を抱くことになります。

また、ときには店に置いてあるワインなどのアルコール類が飲めない人たちもいます。そうした人たちは自分で飲みものを持ち込みますが、レストランのほうは、それを許すべきでしょう。なぜなら、レストランの最も重要な使命は食べものを出すことであり、飲みものはその添えものにすぎないからです。飲みものは食事のアクセサリーであって、メインではないのです。

私はかつて何軒か、まったく融通の利かないレストランに行ったことがあります。そのなかの一軒で、客が店の人にこのように丁寧に尋ねているのを耳にしました。

「私は健康上の理由で、自分の持ち込んだ飲料、この飲みものしか飲めないのですが、よろしいでしょうか？」

すると、店のマネジャーは即座に「それはできません」と答えたのです！

私は驚き、開いた口がふさがりませんでした。その気の毒な客は仕方なく、ミネラルウオーターを飲みました。

レストランでは、常識の範囲内で客の飲みたいものを飲んでもらい、気持ち良くなってもらうべきではないでしょうか？　その上で、例えば、食事を終えたら、飲みものを持ち込んだ分のチップを客が置いていくか、あるいはレストランが少額のドリンク代を請求すればすむことではないでしょうか？

どんな場合でも、機転と融通を利かせて、客を気持ち良くさせ、店のファンになってもらう……これがレストランのマナーの基本ではないでしょうか？

もし客が、その店の料理やサービスに満足したら、きっと常連になるでしょうし、次に来るときには新しいお客さんも連れてくるようになるでしょう。そうして、だんだん店も流行《はや》っていくのです。

味音痴にならない！

最近ではファストフードの店が至るところにありますが、もちろんそれらは仮にもレストランと呼べるような場所ではありません。もちろん、これらの店がいけないと言っているのではなくて、レストランとは別のものだというだけのことです。

ファストフードは、注文する前からすでに食べものが用意されており、注文があったらすぐに出せるようになっています。その代わり、本物のレストランのように、メニューの変更や特別な注文に応えることはできません。

ファストフードの多くはアメリカ発祥のものですが、このファストフードが原因で、世界の多くの若者たちが味音痴になっているのではないかと私は思います。というのも、ファストフードをよく食べる若い人たちが、奇妙な組み合わせでものを食べている場面をしばしば目撃するからです。

例えば、お寿司を食べながらミルクシェイクを飲む。あるいは炭酸飲料とスパゲティ、炭酸飲料とお味噌汁などという組み合わせも、さほど珍しいものではありません。食べ合わせなどお構いなしです。

こんな食べ方をしていると、食べものの味はわからなくなり、イタリア料理なのか中華料理なのか、和食なのかフランス料理なのか、なんだかわからなくなってしまうでしょう。もっとも、すでに味音痴になっている人たちにとっては、そうした区別すら無用のものなのかもしれませんが……。味音痴にならないことも大切だと思います。

旬の素材を生かす和食

公務や講演などで日本各地を訪れるたびに、私はこう思います。

「日本はなんて豊かな食文化に恵まれた国なのだろう」

この素晴らしい和食の文化をもっと大切にし、楽しんでほしいと思うのです。

国土が南北に伸びた日本は、自然が豊富で、四季折々の海の幸、山の幸がどれも本当においしい。日本各地に伝わる郷土料理もさまざまで、実に多彩です。その土地の気候や水に育くまれる野菜や果物、穀物にはそれぞれ個性があり、旬の素材を生かした料理とそのノウハウは、世界に誇る偉大な食文化です。

2015年に開催されたミラノ万博以来、イタリアでも和食ブームが続いています。欧米の料理は基本的に肉料理が多く、動物性脂肪が多くなりがちです。ハンバーガーもそうです。その点、魚や野菜の素材を生かす日本食は、良質な脂質が多く含まれ、栄養バランスにも優れています。ぜひ日本の伝統食のよさを再認識し、未来へ受け継いでいってほしいと切に願います。

テーブルマナーの発祥

食事に関するルールのなかでも、テーブルマナーはとても大切なものですね。

現代のテーブルマナーの発祥がどこなのか、ご存じでしょうか？　フランス？　確かに現在のフランス料理の洗練さだけを見れば、そう考えるのも無理はないかもしれません。しかし、実は、フランスにテーブルマナーを持ち込んだのはイタリア人であり、イタリアこそがテーブルマナーの母国なのです。

時は1533年。一人のイタリアのお姫様が、フランスの王家へと嫁ぐことになりました。

このお姫様の名前は、カテリーナ・ディ・ロレンツォ・デ・メディチといいます。歴史の教科書などでは、のちにプロテスタントの人々を大量に殺害した「サン・バルテルミの虐殺」の首謀者として教わるかもしれませんが、彼女はフランス料理とフランスのテーブルマナーの発展に貢献したのです。

現在の常識でいえば、フランス料理は、美しく、洗練されていて、多種多様な味覚に富み、まさに食の芸術の宝庫にして最先端というイメージでしょう。しかし、カテリーナがフランス王家に嫁いだ16世紀には、事情はまったく違っていました。

まずはテーブルマナーですが、当時のフランスは相当にひどいものだったようです。今ではナイフとフォークを使って食べるのはフランスでも当たり前になっていますが、当時はなんと、皆手づかみで食べていたそうです！　王様でさえそうだったと言うのですから、驚くばかりです。

それだけではありません。ここに記すことがはばかられるのですが、食事の最中でもゲップはするわ、おならはするわ……それは散々なありさまだったそうです。

食事の内容にしてもそうです。今の多彩なフランス料理とは似ても似つかない、ただ焼いた肉とパン、野菜のゆでたものを並べただけのような、よくいえば質実剛健、悪くいえば田舎っぽく、なんの工夫もない料理ばかりだったといいます。

翻って、カテリーナの実家、メディチ家があるのはイタリアの花の都、フィレンツェです。ルネサンスの中心地として栄え、ミケランジェロやラファエロ、レオナルド・ダ・ヴィンチといった不世出の芸術家たちの、活躍の場となったのは広く知られるところです。そんな当時の芸術と文化の最先端の都市から、今述べたような状態だったフランス王家へと嫁いできた彼女のカルチャーショックは、想像するに余りあるというものです。

ちなみに、現在のフランス料理は、イタリアで中世に食べられていた貴族の料理が発祥で、そこからあまり変化していません。バターや脂肪分の多い肉を使うのが特徴で、非常に食べ応えのあるものです。現代のイタリア料理は中世の貴族料理とはまったく異なります。あまりバターなどを使わず、オリーブオイルを使った健康食となっています。

カテリーナの『食事作法の50則』

そこでイタリア出身のカテリーナはフランスの食文化を改革することを決意し、1冊のテーブルマナー本を書かせます。これが『食事作法の50則』で、世界で最初のテーブルマナーの本といわれているものです。13世紀ごろから連綿と積み重ねられてきた食文化をまとめた同書では、例えば次のような項目が挙げられています。

「食べ終わった骨などは、元の皿に戻さない」

「食事中に鼻を鳴らしてはいけない」

「テーブルの上や周囲につばを吐いてはならない」

「鼻をかむとき、咳をするときはテーブルに飛ばないよう、後ろ向きでする」

現代の私たちからすれば、「そんなの当たり前じゃないか」という感じだと思いますが、当時これらが広く浸透していたのはイタリアくらいのもので、ほかのヨーロッパの国々は、まだまだ現在のようなテーブルマナーは身に付けていなかったのです。

ちなみに、フランス料理そのものについても、イタリア料理からの影響によって現在のような形になっていったのは広く認められていることです。そこにカテリーナが大きな役割を果たしたかどうかは、諸説あるところなのですが、私はこれも彼女の功績に帰したいと思っています。

フォークは「神に背く」もの？

また、テーブルフォークやテーブルナイフをフランスにもたらしたのもカテリーナです。彼女の息子であるアンリ3世の時代に、フランス宮廷で使われるようになったと言われています。

しかし、同じ食器であるナイフやスプーンと比べて、フォークが人々の食事に浸透するまでには、非常に長い時間がかかったようです。

ひとつには宗教的な背景があります。当時、ヨーロッパでは「人間の指は、神から与えられた優れた道具である」と考えられていたため、その指で直接食べものをつかんで食べる行為は「神聖なもの」と考えられていたようなのです。手づかみの習慣は、ただ野蛮なだけというわけではなかったのです。

もうひとつは経済的な理由です。当時、銀製のフォークは贅沢品と考えられていたため、使用を禁ずる修道院もあったといいます。一般庶民はナイフと指さえあれば十分に食事は取れるため、スプーンやフォークはむしろ珍重すべき「財産」と考えられていたようです。

カトラリーの歴史はマナーの歴史

ここで、カトラリー（ナイフ、フォークなどのシルバーウェア）の使い方をざっと紹介しておきましょう。食事用のシルバーウェアのセッティングは、一度きちんと覚えておけば、どの国のパーティーに出席しても困ることはありません。

まずナイフとフォークを使う順番ですが、テーブルにたくさんのナイフとフォークが並べられている場合は、メニューごとに一番外側から、内側へと使っていけば問題ありません。また、ナイフやフォークを使うときは、柄の部分をあまり握り込まないようにしましょう。包丁を持つように、人さし指を軽く背にそえて、親指が前を向くようにしましょう。

料理が来たら、フォークで料理を押さえ、前後にナイフを動かして切ります。必ず一口大に切って、フォークで刺して口に運びます。このとき、ナイフを皿に突きたてすぎないように注意します。パスタやライスなど、フォークを使わなくても食べられる料理は、フォークを右手に持ち替えて食べても失礼にはなりません。

もし順番を間違えてカトラリーを使ってしまったら、そのままにしておきましょう。ウェイターがすぐに気がついて、次の料理が来るときに、それ用のカトラリーをそっと置いてくれるはずです。あるいはカトラリーを落としてしまったときは、慌てることなく、そのままにしておきましょう。ウェイターがすぐに新しいものを持ってきてくれるでしょう。ただ、テーブルの下に落ちてしまったりして、なかなか気づいてもらえない場合は、声をかけて交換してもらうようにしましょう。

食事中に手を止め、会話を楽しむ場合には、ナイフとフォークが皿の上に「ハの字」になるように置きます。ナイフとフォークを手に持ったまま長い会話をするのはマナー違反に当たりますので、注意しましょう。また、ナイフを置くときは、歯（ギザギザの部分）が自分のほうを向くように置きましょう。

ナイフとフォークを皿に置く位置は、ウェイターへのサインにもなります。食事終了の合図としては、「ハの字」から少し変えて、ナイフの内側にフォークを平行に置くようにします。これはイタリアや日本でのスタイルです。フランスではナイフとフォークをそろえて置くのは同じですが、斜めではなく、自分と平行になるように置きます。

ナイフとフォークの置き方

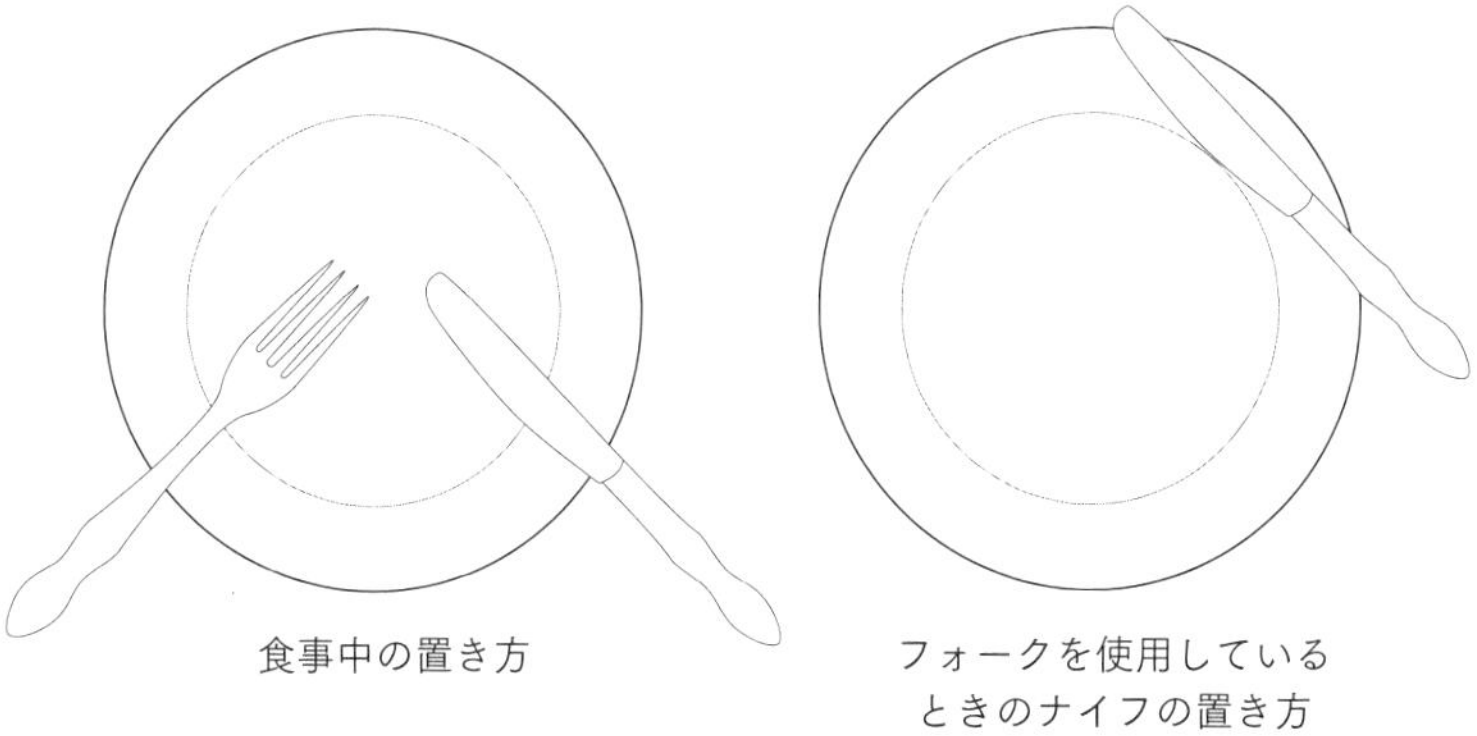

食事中の置き方
フォークを使用している
ときのナイフの置き方

食事終了後のナイフとフォークの置き方

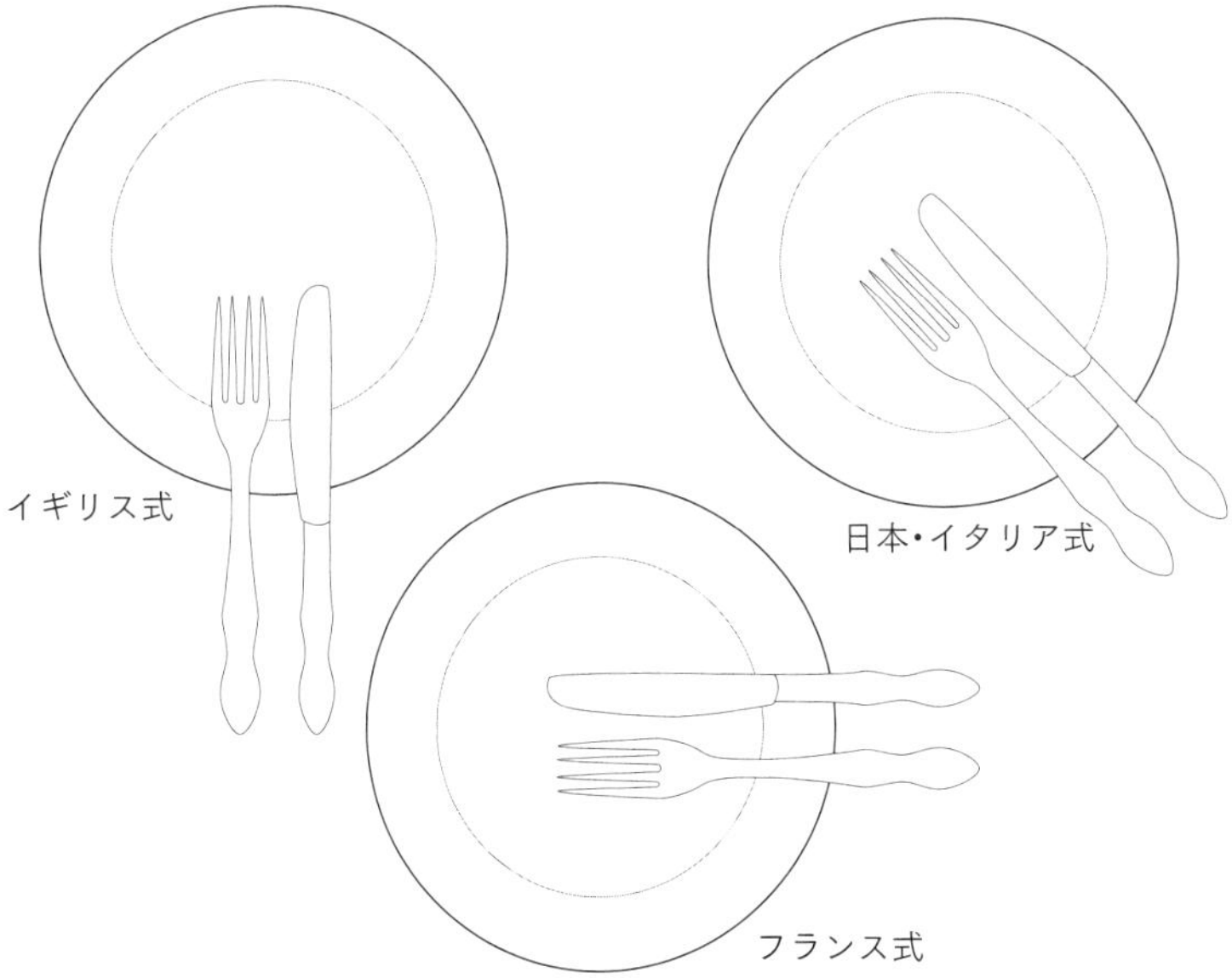

パーティーでの食事マナー

さて、食事を楽しむ機会といえば、やはりパーティーです。パーティーでのマナーについては以前にも触れましたが、ここでは食事に関するマナーについてお話ししたいと思います。

パーティーの主な目的は、おいしいものを食べ、いろいろな新しい人たちに出会って、おしゃべりを楽しむことです。

しかし、自分のおしゃべりに夢中になりすぎるあまり、その話題に周りの人間が誰も興味を示していないということにちっとも気がつかない人がいます。そんな人に限って、ナイフとフォークを両手に持ったまましゃべっています……。

パーティーの食事での会話は、スピーチと同じように、できるだけ短く、明確なものでなくてはなりません。ときどき、誰かが質問してくる機会があるでしょうが、そんなときも答えは短く、明確に。やたら長々と答え、質問に対してあれこれと論評するのは、やめておきましょう。特に質問をされない限り、たいていの場合は聞き役に徹していたほうが良いと思います。

パーティーではいろんな種類の人に出会えます。もちろん新しい人に会うこともあるでしょう。

ですから、相手が誰であるかちゃんとわかるまでは、あまりいろいろなことをベラベラとしゃべりすぎないことです。これもマナーだと思います。

酔っ払いとの約束

パーティーでお酒を飲みすぎて、やたらとしゃべりまくり、おまけにいろんな人にいろんな約束を簡単にする人がいます。もしかしたらあなたも、よく知らない人物と約束し、その約束を本気にしたりすることがあるかもしれませんね。しかし、これは注意したほうが良いでしょう。

というのは、そうして約束をしまくる人はたいてい、翌朝にはそのことをすっかり忘れており、いざ次に会ったときに「あれ、そんな約束しましたっけ?」となることがほとんどだからです。

実は私も、そんな経験を何度もしています。特に記憶に残っているのは、パーティーで初めて会ったある紳士のことです。

彼は私の仕事について、実にさまざまな質問をしてきました。彼は私に非常に興味がある様子で、彼が今興味を持っているビジネスについて話してきました。そして、私と一緒にビジネスをやりたいと言ってきました。そのために聞きたいことがあるというので、私は彼の質問にすべて丁寧に答えたのです。

早速、私は、彼がパーティーのときに欲しいと言っていた資料を送りました。それからまた何日かして、彼から電話がかかってきました。そのとき、彼はこう言ったのです。

「すみませんが、なぜあなたは私に、このような資料を送ってきたのですか？」

私が驚いたことはいうまでもありません。しかし、何のことはない、彼はパーティーのときに酔っ払っていて、私との話の内容など何も覚えていなかったのです。

パーティーで遭遇した、あまりうれしくないエピソードは、これ以外にも数えきれないくらいあります。ですから、パーティーで会った人たちについて、その場ではあまり真剣に考えないほうがいいと思いますし、必要以上に楽観的になることも避けましょう。一番良いのは、名刺をもらい、後日に連絡することです。そうすれば、相手のオフィスで改めて話をしたときに、その人が本気であなたとビジネスをしたいと思っているのか、確かめることができるでしょう。

パーティーは多かれ少なかれ、レストランに行くようなものです。あくまでリラックスして楽しむための場であって、ビジネスやその他の真剣な交渉ごとの場所ではないということです。

お酒の無理強いは誰も得をしない

日本では宴会などで、「まあまあ。遠慮なさらずに、取りあえず駆けつけ一杯」などと言って、無理やりお酒をすすめる習慣がありますね。断れば、「俺の酒が飲めねえっていうのか！」と逆ギレされたりします……私も何度か経験しました。

せっかくすすめてくれているのだから、なかなか断るわけにもいかず……仕方なく飲むものの、気分は悪いし、翌日はつらい二日酔いです。

コロナ禍前には毎年、春のお花見や新人歓迎会のシーズンになると、先輩に無理やりお酒を飲まされたり、一気飲みを強要されたりしたことが原因で、入院する人がいたり、なかには命を落としてしまう人までいました。

なぜそこまでして、無理やり飲ませるのでしょう。この習慣はただ単に悪いマナーというだけではなくて、とても危険なものです。急性アルコール中毒は命に関わる問題なのです。一説には、日本人は遺伝的にそれほどお酒には強くない人々であるといわれています。そう思えば、お酒の無理強いがいかに迷惑で危険であるかがわかるでしょう。お酒を無理に飲ませないマナーは大切です。

美しさとは何か？

ところで、美しさとはいったいなんなのでしょうか？　一言でいえば、美しさとは黄金比にいかに近づくかの問題なのです。黄金比とは、目、鼻、口などといった個々の部分が釣り合い、全身の均整が保たれた自然な状態をいいます。

世間では、よく二重まぶたで、鼻が高い人がカッコいいと言われますね。実は、これは妄想なのです。美しさには、初めから決まりごとがあるわけではないのです。全体と個々の部位のバランスが大切なのです。

私は友人からこんな話を聞いたことがあります。友人の知り合いに、一重まぶたがとても嫌で、整形手術で二重にした人がいました。しかし、結果は、みんなから以前のほうがよかったと言われ、その人は非常に後悔したそうです。もっと美しくなれると思って手術をしたのに……。

きっとその人は、一重まぶたのままで、全体の調和が取れていたのだと思います。顔の個々のパーツを修正したからといって、全体が美しくなるとは限らないのです。手を加えることによって、逆に自然の調和を乱してしまうことにもなりかねないのです。

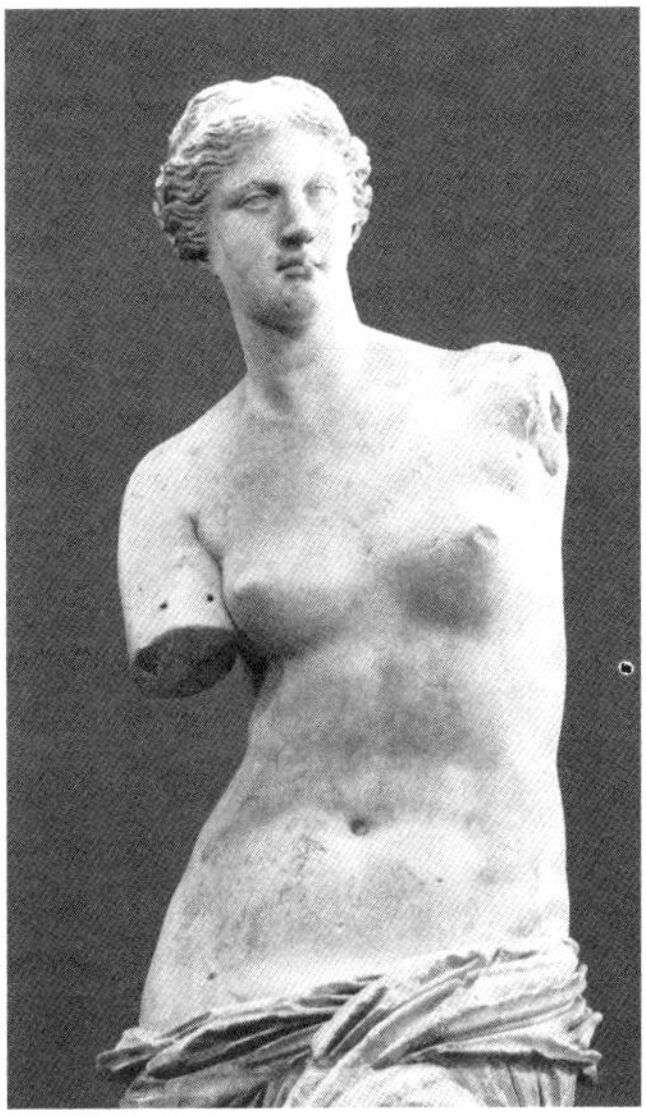

ミロのヴィーナス

古代ギリシャの詩人、ホラティウスは、次のような言葉を残しています。

「最下級の職人でさえ、青銅で爪を表し、柔らかな髪を模することができるだろう。しかし全体を表現するすべてを心得ていないから、最後の仕上げで失敗するだろう。……たとえ、私が黒い目と黒い髪で人目を引いても、曲がった鼻では生きていたいと思わないのと同様に」

有名なミロのビーナス、エジプトのピラミッド、ノートルダム寺院など、美の象徴といわれるものは縦横の比がだいたい同じ比率となるということをご存じですか？　これはいわゆる黄金比、ゴールデンレシオと呼ばれる比率なのです。

あの胴長短足のダックスフントでさえ、この比率に合致しているというのですから、ちょっと驚きです。

カップルの不思議

黄金比の話などをすると、皆さんのなかには、

「なんだ、バランスが取れていなかったら、きれいになるのは無理なのか」

とがっかりする人もいるかもしれません。しかし、安心してください。

というのも、今まで私がお話ししてきたことは、単に外見に関することだけだからです。ですから、あなたが肉体的に美しくなくとも、心配はいりません。努力次第で、魅力的な人になることができるのです。

でも、どうやって？　それでは早速、その方法についてお話ししていくことにしましょう。

多くの作家や詩人、哲学者たちはこう言います。

「人間の真の美しさとは、体や顔ではなく、その人の内面にあるものだ」

実際、外見の美しさなど一時的なものにすぎません。若く美しいときは、その美貌がずっと続いていくような錯覚に陥りますが、妖怪ではないのですから、永遠に美しいままでいるなどということができるわけはありません。それなのに過去の栄光にすがり、「昔はこんなにきれいだったのよ」

などと言ったところで、誰も相手にはしてくれないでしょう。

しかし、それは肉体に関してだけの話。人間の持つ美しさのなかには、変わらないものもあるのです。それは思考、意識、感情、性格、マナーといった内面的な美しさです。内に秘められたそれらの美は、顔立ちほど目立つものではありません。しかし、その人が天国に召されるまで、ずっとその人の中に輝き続けるのです。

世の中をちょっと見渡してみれば、美しい女性やハンサムな男性は、本当にたくさんいます。しかし、そういう人と初めて話す機会を持ったとき、外見から想像するほど素敵ではなかった、というふうに思うことがないでしょうか？

それはなぜでしょう？　思うに、彼らは体や顔のバランスは整っているものの、性格や精神などの内面のバランスがいまひとつだからではないでしょうか。日本の有名なことわざが、このことを絶妙に言い表しています。「天は二物を与えず」。

もちろん、体の均整の取れた美しい人が、すべて性格や精神が悪いというわけではありません。しかし、このことわざが教えてくれるように、どこかがよければ、どこかに悪いところがあるというものでしょう。

そういうことでいえば、街を歩いていると、時折「なんで、こんな人と？」と首をかしげたくなるカップルを見かけることもありますね。端から見ると、ミスマッチの二人ということです。例えば、若くてとてもかわいらしい女性と、大して風采も上がらない、地味な中年男性の組み合わせなど……こういうカップルを見た場合、こう考える人がいるかもしれません。

「彼はああ見えて、きっとすごいお金持ちなんだろう。だから彼女は一緒にいるんだな」

ですが、これは大間違いなのです！　そうではなく、彼には外見からは想像できない内面の何かがあることも。性格がすこぶるいいのかもしれませんし、ものすごく頭が切れるのかもしれないし、人一倍優しいのかもしれません。あるいは彼女のことを世界で一番理解してくれる、最高の恋人なのかも……。

イタリア人は、よくこんなことを言います。

「美しく見えるものが、実際に美しいわけではない。自分が好きなものが美しく見えるのだ」

あるいはまた、

「光り輝くものすべてが、黄金とは限らない」

ということわざもあります。こちらはイギリスのロックバンド、レッド・ツェッペリンの名曲「天国への階段」の歌詞にも引用される言葉ですね。実際、歴史上の有名人のなかには、外見的に魅力的とは言いにくいものの、強烈な個性とカリスマによって名を馳せた人もたくさんいます。

例えば、芸術家のパブロ・ピカソや映画監督のチャールズ・チャップリン、ロック歌手のセルジュ・ゲンズブールなどが挙げられます。彼らは、お世辞にも外見的にはカッコいいといえる人たちではありませんでした。にもかかわらず、女性にとても人気があり、たくさんの美しい恋人や奥さんがいたのです。今挙げたのは男性ばかりですが、同じように魅力的な女性もまた、たくさんいます。

とにかく、努力さえすれば誰でも、いろいろな方法で魅力的になることができるのです。そのために最も重要なことは、外見にコンプレックスを持たないことなのです。

自分を過大評価しない

それともうひとつ重要なのは、逆に自分を過大評価しないことです。これは日本に限ったことではないかもしれませんが、とにかく世の中には、お人形さんのようなかわいらしい顔をしているだけで、自分のことを魅力的だと思い込む女の子が多いようです。将来は何になりたいのかなど聞こうものなら、決まって「モデルか女優」と答えます。

そんな彼女たちは、結婚相手にこだわって、「カッコよくて、背が高くて、お金持ちで、一流大学を卒業した男性」などという条件を挙げるのです。ところが実際には、彼女たちのほとんどは、そうした相手を捕まえることができないのです。

私は以前、とても美しくて若い女性を知っていました。彼女の周りには、常にたくさんの男性がいました。そんな男たちのなかから、彼女は自分の美しさにぴったりの男性を選ぼうと、あれこれとえり好みしていました。一人に絞るのはなかなか難しかったのでしょう。

そうこうするうち、彼女は年を取り、次第に周囲から、彼女と結婚しようという男性はいなくなっていきました。「あなたは美しすぎて、僕にはもったいない」などと言いながら、一人、また一人と男たちは去っていったのです。そして最後には、彼女は孤独になってしまいました。

まるで、椅子取りゲームのようです。どの席が良いか迷っているうちに、どの席も埋まってしまう……。ゲームならば、もう一度新しく始めればいいのですが、人生はそうはいきません。埋まった椅子は、めったなことでは取り戻すことはできないのです。

かわいそうな気もしますが、結局のところ、これは彼女の性格が災いしたことなのです。一人の男性では満足できず、今の人よりももっといい男をと、好き放題にした結果です。自分の外見の美しさに見合う、そのたったひとつの基準で男を見つけようとしていたのですから。

『ガラテオ』の言葉を再び借りましょう。

「外見の美しさはいっときのものだが、心情や知性（それから料理の腕前も）といった内面の美しさは、永遠に変わることのないものだ」

厚底靴

一昔前ほど見かけなくはなりましたが、日本の女性のなかには、身長を少しでも高く見せようと、底の分厚い靴を履きたがる人がいますね。しかし、ヨーロッパ人の感覚からすると、違和感が拭えません。厚底靴を履いている女の子を見るたびに、こっけいで奇妙に思えて、どうしてそんなものを履くのだろうかと考えてしまいます。

高すぎる靴は、体の大きさに合っておらずアンバランスなために、歩き方がどことなく不自然になります。まるで竹馬にでも乗っているようなぎこちなさです。

歩く格好も問題ですが、体にとっても決して良いものとはいえないと思います。あんな靴では、転んで足をくじく可能性が普通より高まるでしょう。せっかくカッコよくなろうとしたにもかかわらず、こっけいな靴のために足を折って松葉杖なんて、笑い話にもならないでしょう。

厚底靴を履く女性は、背が低いのをコンプレックスに思っているか、あるいはスーパーモデルのように背が高くなりたいのかもしれません。しかし、厚底を履いたところで、大して背は高くは見えませんし、スタイルがよく映るわけでもありません。

確かに、ハイヒールを履いている女性は素敵だし、セクシーに見えますね。しかし、それは適度な高さであるのというのが条件です。厚底や高すぎるヒールは、かえってコンプレックスをさらけ出し、また見苦しい歩き方になるだけです。ハイヒールは「履きこなしてこそ」美しい履物なのだと思うです。

セックスアピール

もうひとつ、日本の女性について私が気になることがあります。それは、成人年齢に達しているはずの女性が、ミッキーマウスやハローキティなどのキャラクターがプリントされた洋服を着ていることです。そうした女性を見るたびに、私は驚いてしまいます。

ヨーロッパ人の感覚からすると、そうした服はせいぜい9歳くらいまでの子どもが着るものだからです。文化の違いと言えばそれまででしょうけれども、ヨーロッパ出身の私の目には「大人になりきれていない大人」のように映ってしまいます。

ヨーロッパの男性は、大人の女性のセックスアピールに色気や魅力を感じるのですが、日本では逆に、子どもっぽいかわいらしさ、つまり未成熟のかわいらしさが、女性のセックスアピールだと考えられているかもしれません。

話は変わりますが、日本人は着ている洋服によって、その人の職業や地位までわかりやすい国だと思います。

政治家の服装は、とても型通りで、みんなほとんど似たスーツです。ヤクザやホストの装いは、とても派手で目立つものです。サラリーマンは、いつも決まったようにブルーやグレーのスーツ。そして若者は、流行のブランドで身を固めている、あるいはヒップホップ系のファッション。リッチな奥さま方は、有名なハイブランドでコーディネート……服装だけで、かなり正確な人間の分類表を作ることができるでしょう。

服装の選び方

服装を選ぶというのは、かなり重要なことです。人は着る服によって、魅力的に見えたり、面白くユニークな人だというイメージを作ったりと、個性を出すことができるからです。

服を選ぶときには、自分の体形と、着たいと思う服のバランスを考えることが大切ですね。バランスの良い服装をすれば、あなた全体のイメージを良くすることができるでしょう。

良い着こなしとは、ただ高価な服やブランドもので身を飾ることではありません。その証拠に、高い服をカッコ悪く着ている人々はたくさんいます。古着を着ていても、良い着こなしはできるものです。自分に合った服のタイプや色をわかっている人ならば、均整の取れた素敵な着こなしができるでしょう。

大切なのは、洋服とあなたとの調和です。あなたがセクシーになりたいと望むのならば、目が魅力的に見えるようなメーキャップをして、サイドにスリットの入ったミニスカートをはくのが効果的かもしれません。また、色白の人だったら、黒や濃いめの服装が似合うと思います。濃い色は、肌の白さを引き立て、あなたをより魅力的に見せてくれるでしょう。反対に色黒の人や、日焼けをしている人は、白のような、明るめの色の服を選ぶと良いです。

痩せていなければモテない？

こんなことを言うと、「そうよ、痩せていない私は、どうせ何を着ても似合わないし、モテないんだわ！」とお怒りになる女性がいらっしゃるかもしれません。しかし、体形がちょっと太めだったとしても、心配することはありません。

大人の男性は、ガリガリに痩せている女の子よりも、少しぽっちゃりとした女性を好むものだからです。日本では異なるかもしれませんが、少なくともイタリアではそうです。

気休めでも、嘘でもありません。その証拠に、ヨーロッパの歴史的な絵画を思い浮かべてみてください。そこに描かれた女性たちは現代にも通ずる美しさを持っていますが、痩せっぽちの女性など誰一人として見当たりません。皆ふっくらとして、ぽっちゃりとしています。実は、ミロのビーナスに代表される美女たちは、皆ふっくらぽっちゃり体形なのです。これが、ヨーロッパの美しい女性像なのです。

この意味するところは何か？　あくまで私見ではありますが、女性の真の価値がわかっている男性というのは、ヒップやバスト、ウエスト、ふとももといった女性らしい部分を好むものだということです。

最近では、腹筋をシックスパックにすることに腐心している女性もいるようですが、女性は多少ふっくらとしていたほうが美しいものと思っています。

イタリアでは、ウエストのことを「vita《ビタ》」といいます。これは同時に、「生命」を意味する言葉でもあります。すなわち、昔からイタリア人は、ウエストがくびれすぎてヒョロヒョロしていない、しっかりどっしりとした女性に、生命力と魅力を感じてきたということなのです。

あるいは少し辛辣《しんらつ》ですが、イタリアにはこんな言葉もあります。

「骨はスープにはいいけれど、食べるのには向かない」

意味するところはおわかりですね……。

日本の多くの男性、特に若い男性は、むしろガリガリの女の子を好む傾向にあるようです。男性のなかには、自分より体格が大きかったり、背が高かったりする女性を、初めから受けつけない人もいるようです。もちろん、これはコンプレックスの裏返しではないでしょうか。

モデルはどうなのかって？　確かに、モデルの女性たちは痩せているように見えるかもしれません。事実、数年前にはモデルたちの痩せすぎが社会問題にもなりました。

しかし、魅力的で長く一線で活躍しているモデルの女性たちは、決して痩せすぎてはいません。スーパーモデルといわれたクラウディア・シファー、ナオミ・キャンベル、ジゼル・ブンチェン、ケイト・モスといった歴代の有名モデルたちは、私たちが思うほど痩せすぎてはいません。彼女らは、だいたい身長が１８０cm以上とひときわ長身なため、細く見えるだけなのです。

ネクタイはクロアチア発祥のマナー

女性の服装についてお話ししたので、男性の服装についても少し触れないわけにはいかないでしょう。

男性がネクタイを締めるというのは、非常に良いマナーのひとつです。実際、ふだんはノーネクタイで仕事をしているサラリーマンも、重要な取引先に出向くときなどは、必ずネクタイを締めます。

ネクタイを含むいわゆる「ネックウェア」の歴史は、とても古いものです。紀元前の中国、秦の始皇帝の陵墓には、スカーフ状の布を首につけている兵士の人形が見つかっていますし、古代ローマでも同じく兵士たちが、ファカールという細い布を首に結んでいました。しかし、古代末期になるとこうした服装はあまり見られなくなり、男性は首まわりを見せる服装が主流になっていったようです。

それからはるかな時が流れ、ネクタイの原型が現れたのは17世紀になってのことでした。当時のフランス王、ルイ14世に雇われたクロアチア人の傭兵たちが首に巻いていた「クラバット」が始まりだとされています。今でもフランス語ではネクタイを「Cravate」といいますが、それはこの名

ルイ14世。クラバットをつけている。

残ですね。

ネクタイがスーツやその場の状況とマッチしている場合、その男性は非常にエレガントな印象を与えることができます。しかし、反対に、似合っていない場違いなネクタイをしている場合は、こっけいでやぼったいイメージを与えることになるでしょう。例えば、お葬式にカラフルなネクタイや、ましてや純白のネクタイを締めていたら、ギョッとされるでしょう。

女性から男性へのプレゼントとしてネクタイを贈るのはよく見られる習慣ですが、ネクタイを選ぶというのは非常に難しいことです。というのも、ネクタイの好みは男性それぞれによって非常に異なるからです。どんなネクタイを選んでいるかで、その男性のパーソナリティーを判断できることもあるくらいです。

この点に関してお話ししておきたいのは、今の上皇さまのネクタイのご選択です。私は幸いにも駐日外交団長として、陛下に幾度か拝謁する栄誉をいただきましたが、そのたびに、陛下のネクタイのセンスの素晴らしさに目を見張ったものです。陛下のネクタイは、どれも控えめで目立たないものでしたが、そこに、秘められたエレガンスが香っていたのです。僭越《せんえつ》ながら私は、陛下のネクタイを参考にさせていただいております。

陛下のオーディオ

もうひとつ、陛下に関する思い出でとても印象に残っていることがあります。

以前、陛下から食事に招待いただいたことがあります。室内に優雅なクラシック音楽が流れていたのですが、その音質の高さに私はいたく惹きつけられました。というのも、私はオーディオには少々うるさいのです。これほど良い音を出すオーディオには、巡り合ったことがなかったのです。

しかし、室内を見回してみても、スピーカーらしきものはどこにもありません。いったい、この素晴らしい音はどこから……気になっていてもたってもいられなくなった私は、失礼を承知で、陛下にお聞きしたのです。

「陛下、このクラシック音楽の音質はとても素晴らしいものですね。そこで、大変失礼とは存じているのですが……よろしければ、どこのメーカーのオーディオセットをお使いなのか、お教えいただけませんでしょうか？」

私の質問を、陛下は柔和な表情でお聞きくださいました。それから、少し笑み、部屋にかけられていたカーテンをオープンされたのです。何とカーテンの向こうにはスピーカーではなく、本物の演奏家たちがいたのです。ヨーロッパの王侯貴族であれば、目の前で演奏させることでしょう。それが富を持っている者のステータスだからです。

私は、陛下のこの素敵な振る舞いに、すっかり魅了されてしまいました。見せびらかすのではなく、とても謙虚な陛下。日本の人は元来、華美さや豪華さを表に出さない人々であると言われます。例えば、日本では着物などでも、表よりも裏地にお金をかけるのが美徳とされていました。それはただ謙虚なだけでなく、そうすることが日本の「粋」なマナーだと思います。

そのことをあの日、私は陛下から教えていただいたと思います。

本当に大事なもの

ここまで服装やスタイルについてお話ししてきました。ただし、勘違いしていただきたくないのは、人間において一番重要なのは、気持ち、教育、性格、常識、マナーであるということです。時々刻々と変わってしまう外見などではなく、生涯にわたって残るような基本的なことすべてなのです。

モデルのように均整の取れた体をしていなくとも、これらの一番大切なものを持ち合わせ、ちょっとばかり上品に服を着こなす人は、魅了的な人間になることができるのです。

自分の体に自信がある女性というのは、たいてい、人に体を見せびらかして自慢するようなことはしません。逆に謙遜する人が多いと思います。

反対に、それほど大した体を持っていない女性に限って、なんとか自分の体をよく見せようと躍起になるものです。高価な服や靴を身につけたり、分厚い化粧をしてみたり……肝心の「内面を磨く」ということは、すっかり忘れているのではないでしょうか。

外見をよく見せようとどれだけ頑張っても、精神や思考、モラルなどに気を配らなければ、真に美しくはなれないのです。外見ばかり取り繕い、本当にすべきことを忘れていては、いつまでたっても美しい人間にはなれないと思います。

政府開発援助（ODA）へ感謝

ここでは、少し外交の話もさせてください。「政府開発援助」、いわゆる「ODA」というものがあります。政府による開発協力を通じて、途上国の発展の手助けをすることで、地球全体の問題解決に努めていこうとするものです。日本からのODAは、発電所や大規模なダム、港湾施設、高速道路、橋、鉄道、病院、学校の整備などに使われており、開発途上国の経済インフラストラクチャーの基盤を作っています。

よく知られた大型ODA案件としては、トルコのボスポラス海峡に架かる「第2ボスポラス橋」、エジプトのスエズ運河の「日本・エジプト友好橋」と名づけられた橋など、枚挙にいとまがありません。

こうして建設されたインフラや、日本が贈与した救急車や消防車などには、日章旗やODAのロゴマークが入れられ、多くの国で日本への感謝が表されています。また、そうした国々では、国民にも日本からの援助の実態をきちんと知らされています。しかし、なかには例外もあります。それが中国です。

例えば、日本は北京空港に300億円、上海空港に400億円、天生橋水力発電所に1180億円の開発協力をするなど、中国のインフラ整備に貢献してきました。しかし、その事実は報道されるわけでもなく、中国の国民のほとんどが、日本からの援助のことを知らないのです。

中国共産党は、日本のODAは戦後賠償の代わりであるから感謝しなくてもいい、あるいはその実態を国民に知らせる必要はないと思っているのかもしれませんが、それはどうなのでしょう。たとえ軍事的、経済的にどれほどの大国になろうとも、本当に大切なもの、つまりマナーが欠けていれば、真の大国にはなれないのではないでしょうか？

日本の礼儀は世界に通ずる

ここまで、イタリアのマナー書『ガラテオ』にのっとりさまざまなマナーについてお話ししてきましたが、正直にいえば、日本人にはこれは「釈迦に説法」かもしれません。というのも、日本には世界的に見ても、素晴らしいマナーを身に付けた人々がたくさんいるからです。

全体的に見れば、日本ほど礼儀の根づいた国はありません。多くの外国人が初めて日本を訪れて驚くのは、その街の清潔さです。繁華街、住宅街、オフィス街を問わず、道路にゴミが落ちていることはほとんどありません。なかでも神社の参道は、まさにちりひとつない、最も美しい道です。これは、日本が誇るゴミのマナーだと思います。

ローマ、ミラノ、パリ、ロンドン、ニューヨーク、ベルリンなど、私はこれまで世界の大都市を数多く旅してきました。しかし、美しい「地区」はどの都市にもありますが、都市全体が美しいところはひとつもありませんでした。しかし、日本ではそれが当たり前です。

この日本の街の美しさ、清潔さの根底には、神道の精神、神道のマナーがあるのではないかと私は思います。穢《けが》れを祓《はら》う、というのが神道の精神です。神道では何ごとも清めてから行うのです。神社に参拝する前の「手水」はその典型です。手水で手や口を洗い清めるのは「禊《みそぎ》」を簡略化した儀式なのです。またお祭りでも、必ず身を清めてから参加します。

こうした日本の「清める」というマナーは、ポストコロナの時代に、極めて重要になってくるのではないかと思います。欧米では、コロナ禍に見舞われるまで、手洗いやうがいの習慣がない人もいました。マスクをつけるという習慣も同じです。しかし、日本ではコロナ以前から、それが当たり前。子どもが学校から家に帰ってくれば、まず「手を洗いなさい」と言われる、それが日本の家庭のマナーなのです。

ほかにも、謙虚さや慎み深さ、勤勉さ、忍耐強さ、温和さなど、日本が世界に誇るべき美点、日本発の素晴らしいマナーがたくさんあります。

MORALITYというラテン語があります。「モラリティ」とは、マナー、特性、文字という意味です。日本には781の大学（2020年4月調べ）がありますが、モラリティ（マナー）を授業で教えている大学は、日本でただひとつだろうと思います。その大学は千葉県の麗澤大学です。授業でマナーや道徳を教えている大学を聞いたことがありませんので、世界のなかでもとてもユニークな大学だと思います。

この本を読んでいただき、ヨーロッパと日本のマナーの違い、そして共通点を知っていただくとともに、日本古来の素晴らしいマナーに改めて目を向けていただければ、これほどうれしいことはありません。

あとがき

本書は、１９９９年に上梓した『ストレスを脱ぎ、マナーを着よう』（弘済出版社）をアップデートした、21世紀のマナーの基本的なガイドブックです。拙著を最後まで読んでいただき感謝を申し上げたいと思います。

本書には、マナーの基本的なことしか書かれていません。ですから、本書だけではマナーのすべてをお伝えすることはできません。もし、拙著を読まれ、マナーに興味を持っていただいた読者の皆さまが、さらに良いマナーを勉強し、身に付けていただければ幸甚です。

21世紀版のマナーについて書かれた本書は、私が尊敬する外交評論家で日本サンマリノ友好協会名誉会長の加瀬英明先生が、勉誠出版へ紹介くださったことから始まりました。加瀬先生のご紹介で本書を出版できたことを感謝しております。

また、安倍晋三前首相のお母さまの安倍洋子さま、サンマリノ神社奉賛会の仁杉守先生、駐ハワイ・サンマリノ共和国名誉領事・ユキオ・タカハシ先生、石垣市長・中山義隆さま、麗澤大学、公益財団法人モラロジー研究所にも感謝いたします。

執筆においては、勉誠出版の池嶋洋次社長、吉田祐輔氏と武内可夏子氏、またライターの井川真登氏、校閲の松井正宏氏に大変お世話になり、感謝しております。皆さまのご協力なしには、本書は出版できなかったと思います。

出版にあたり相談に乗ってくれた駐日サンマリノ大使館のリカルド・リッチョーニ参事官、森本美紀秘書、多言語編集者・クリス・クスダ氏、駐日サンマリノ共和国大使館特別顧問・藤山邦子氏にも感謝を述べたいと思います。

人生とは長い旅のようなものです。読者の皆さまの人生において、良いマナーが人生を豊かにし、成功をもたらすことを祈念しております。

2021年1月

マンリオ・カデロ

〈参考文献〉
『ストレスを脱ぎ、マナーを着よう』マンリオ・カデロ著　杉田ゆき訳（弘済出版社）
『だから日本は世界から尊敬される』マンリオ・カデロ著（小学館）
『世界が感動する日本の「当たり前」』マンリオ・カデロ著（小学館）
『君主論　新版』ニッコロ・マキアヴェリ著　池田廉訳（中央公論新社）
『ラ・ロシュフコー箴言集』二宮フサ訳（岩波書店）
『ツール・ド・フランス100話』ムスタファ・ケスス／クレマン・ラコンブ著　斎藤かぐみ訳（白水社）
『アリストテレース詩学／ホラーティウス詩論』松本仁助／岡道男訳（岩波書店）
『人間の生き方、ものの考え方 学生たちへの特別講義』福田恆存著（文藝春秋社）
『幸福について―人生論―』アルトゥール・ショーペンハウアー著　橋本文夫訳（新潮社）
『Galateo : a Renaissance treatise on manners』Giovanni Della Casa著　Konrad Eisenbichler and Kenneth R. Bartlett訳（Centre for Reformation and Renaissance Studies）

〈参考WEBSITE〉
TOTO株式会社 HP
株式会社LIXIL HP
一般社団法人 日本ホテル・レストランサービス技能協会 HP
日本金属洋食器工業組合 HP
イタリア研究会 HP
Wine ACADEMY（Mercian）HP
WINE OPENER（サッポロビール）HP
宗像大社 HP
宮城県神社庁 HP
2020年度日本の大学データ（旺文社　教育情報センター）HP
麗澤大学 HP
STORY OF IDEAS - Manners by The School of Life YouTube
THE WORLD FACTBOOK <FLAGS OF THE WORLD>（CENTRAL INTELLIGENCE AGENCY）HP
Catherine de' Medici <Queen of France>（Britannica）HP
History - Catherine de Medici -（BBC）HP
8 Secrets Your Body Language Reveals About You（Reader's Digest）HP

※本書で使用した図版の出典はすべてWikimedia Commonsです。

【著者略歴】

マンリオ・カデロ（Manlio Cadelo）

1953年、イタリアのシエナにて生まれる。イタリアで高等学校を卒業後、フランス・パリのソルボンヌ大学に留学。フランス文学、諸外国語、語源学を習得。1975年に来日、東京に移住し、ジャーナリストとしても活躍。1989年、駐日サンマリノ共和国領事に任命される。2002年、駐日サンマリノ共和国特命全権大使に任命され、2011年5月、駐日大使全体の代表となる駐日外交団長に就任。現在、講演活動など幅広く活躍中。イタリア共和国騎士勲章など多くの勲章を受賞。『だから日本は世界から尊敬される』『Why Japan ?』『世界が感動する日本の「当たり前」』（以上、小学館）、『神道が世界を救う』（共著、勉誠出版）、『コスモポリタンになろう―人生もっとシンプルに』（三秀）など著書多数。

よいマナーでよい人生《じんせい》を!

2020年1月19日　初版発行

著　者　マンリオ・カデロ

発行者　池嶋洋次

発行所　勉誠出版株式会社

〒101-0051　東京都千代田区神田神保町3-10-2
TEL：（03）5215-9021（代）　FAX：（03）5215-9025

印刷・製本　中央精版印刷

ISBN 978-4-585-23085-4　C0030

神道が世界を救う

世界一自由で平和な国・サンマリノ共和国の駐日大使と海外を知り尽くした外交評論家が、神道の本質、これからの日本を語りつくす！

マンリオ・カデロ／加瀬英明 著・本体九〇〇円（＋税）

日中韓マナー・慣習基本事典
プライベートからビジネスまで知っておきたい11章

日常生活からビジネスシーンまで、日・中・韓のマナー・しきたりの違いを場面ごとに解説。互いにすれ違う文化・慣習を理解し、円滑なコミュニケーションを取るための必携書！

佐藤貢悦・斎藤智文・嚴錫仁 著・本体一七〇〇円（＋税）

知っておきたいお正月の手引書

しめ縄・鏡餅はなぜ飾る？　お年玉ってなんであげるの？　お正月っていつからいつまで？　知っていると誰かに話したくなる、本当のお正月！

東條英利 著・本体一五〇〇円（＋税）

知っておきたい和食の秘密

海山の潤沢な恵みを、ゆっくりと時間をかけて料理する和食。和食のさまざまな秘密を解き明かしながら、日本の豊かな食文化とその底に流れる精神を探求する。

渡辺望 著・本体九〇〇円（＋税）